能源与电力分析年度报告系列

2016
国际能源与电力价格分析报告

国网能源研究院　编著

中国电力出版社
CHINA ELECTRIC POWER PRESS

内 容 提 要

《国际能源与电力价格分析报告》是能源与电力分析年度报告系列之一，主要对2010—2016年的国际电力、煤炭、石油、天然气等能源价格进行分析，为制定我国能源价格政策、分析能源价格与经济发展的内在联系并制定我国能源长期发展战略提供重要参考。

本报告对国内外电力、煤炭、石油、天然气等能源价格水平及变动趋势、比价关系进行了对比和分析，对我国2016年的能源价格趋势进行了展望，并对2015年输配电价改革进展情况、英国RIIO管制模式、国外分电压等级分用户类别定价实践、国际上地区间电价交叉补贴模式等进行了专题分析研究。

本报告可供能源和电力行业从业人员、相关企业价格工作人员、国家相关政策制定者及科研工作人员参考使用。

图书在版编目（CIP）数据

国际能源与电力价格分析报告.2016/国网能源研究院编著.—北京：中国电力出版社，2016.9

（能源与电力分析年度报告系列）

ISBN 978-7-5123-9844-3

Ⅰ.①国… Ⅱ.①国… Ⅲ.①能源价格—研究报告—世界—2016②电力工业—价格—研究报告—世界—2016 Ⅳ.①F416

中国版本图书馆CIP数据核字（2016）第233604号

中国电力出版社出版、发行

（北京市东城区北京站西街19号 100005 http：//www.cepp.sgcc.com.cn）

汇鑫印务有限公司印刷

各地新华书店经售

*

2016年9月第一版 2016年9月北京第一次印刷

700毫米×1000毫米 16开本 13印张 155千字

印数0001—2000册 定价 **50.00**元

能源与电力分析年度报告
编　委　会

《国际能源与电力价格分析报告》
编　写　组

组　长　李成仁

副组长　尤培培

成　员　高　效　段燕群　李红军　金　毅　赵　茜　黄　清
叶　明　王琳璘　李有华　朱永娟　陈　挺　杨　扬
石　宁　郑天娇　陈　茜　李　阳　张俊民

前 言

国网能源研究院多年来紧密跟踪国际能源电力价格重大事件、政策措施及相关统计数据等，形成年度系列分析报告，为政府部门、电力企业和社会各界提供了有价值的决策参考和信息。

近年来，我国能源市场化改革取得明显进展，特别是2015年《关于进一步深化电力体制改革的若干意见》（中发〔2015〕9号）文件公布后，我国电力改革进入了新的历史阶段。及时梳理、总结国内外石油、天然气、煤炭等一次能源和电力价格，加强相关比较研究，剖析改革相关问题，不仅可为我国能源价格政策制定提供重要参考，而且还有助于正确认识能源价格与经济发展之间的内在联系，制定我国能源长期发展战略。

本报告采用国内外能源相关统计机构发布的最新数据，主要来自国际能源署（IEA）的《能源价格与税收季报》、英国石油公司（BP公司）的《BP世界能源统计》、美国能源部能源信息局、中国国家能源局等。本报告立足世界能源价格走势及政策变化，以全球视野研究中国能源电力价格，与其他年度报告相辅相成，互为补充。

本报告为能源与电力分析年度报告系列之一，重点关注能源电力价格情况。本报告在持续关注国际电力、石油、天然气与煤炭价格水平、变动趋势以及比价关系的基础上，以丰富电价研究内容和积累能源价格数据为目的，进行了以下调整：一是增加了对国际市场原油供需形势和价格的主要影响因素的分析和预判；二是增加了中国电煤价格指数的跟踪分析；三是增加了中国与韩国、日本、印度尼西亚和欧洲部分国家输配电价总水平的比较；四是增加了输配电价改革相关专题分析。

本报告共分为6章。第1章对原油期货、现货价格以及离岸、到岸价格，成品油（汽油、柴油）价格水平[1]及变动趋势进行了分析；第2章对北美地区、亚太地区、欧洲天然气市场价格、国际工业、居民用天然气价格以及液化天然气进口价格水平及变动趋势进行了分析；第3章对中国、亚太地区、大西洋地区煤炭市场价格、国际动力煤及发电用煤价格进行了分析；第4章对国内外上网电价、输配电价、销售电价水平和变动趋势，以及居民用电与工业用电比价、输配电价与销售电价比价关系进行了分析；第5章采用热值法、终端能效法以及完全成本法对原油、天然气、电力与煤炭的比价进行了分析；第6章对2015年输配电价改革进展情况、英国RIIO管制模式、国外分电压等级分用户类别定价实践、国际上地区间电价交叉补贴模式等进行了专题分析研究。

本报告概述由尤培培主笔，第1章由段燕群主笔，第2章由金毅主笔，第3章由李红军主笔，第4章由高效主笔，第5章由赵茜主笔，第6章由李成仁、黄清、尤培培、金毅、高效主笔。全书由李成仁、尤培培统稿，黄清校核。

在本报告的编写过程中，得到了中国价格协会韩慧芳会长、国家能源局西北监管局黄少中局长、长沙理工大学叶泽副校长、华北电力大学何永秀教授、国家电网公司财务部价格处吕栋处长、国家电网公司财务部价格处姚军、华东分部财务部范斌主任、华

---

[1] 如无特殊说明，本报告中中国的统计数据仅为中国内地的数据。

北分部财务部陈晓芬等能源、价格领域专家的悉心指导，在此表示衷心感谢！

限于作者水平，虽然对书稿进行了反复研究推敲，但难免仍会存在疏漏与不足之处，恳请读者谅解并批评指正！

编 著 者

2016年7月

目　录

概　　述

2014年[1]，世界能源供应持续增加，而能源需求增速显著下降，随着石油和煤炭价格在全球范围暴跌，能源价格整体上呈疲弱态势。石油，世界总产量增速为总消费量增速的两倍，原油价格震荡下行。天然气，世界产量及消费量微涨，区域市场价格下行。煤炭，全球市场生产规模下降，消费略有增长，价格整体下行，我国发电用煤价格持续回落。电力，欧洲部分国家、澳大利亚电力市场批发价格出现较大幅度下降，美国、中国、韩国上网电价上升。

近年来，我国能源消费快速增长，市场化程度较高的煤炭、石油价格逐步实现与国际价格接轨，动力煤、电煤价格在国际上已处于较高水平，石油消费价格调整更加频繁；工业用天然气价格在国际上已处于中等偏上水平，民用气价格偏低；我国电力价格，上网电价、输配电价和销售电价总体在国际上均处于偏低水平，工业电价补贴居民和农业用电价格的程度较重。

（一）石油价格

我国石油消费量和进口量增长较快，已成为继美国之后的世界第二大石油消费国和进口国。近几年随着我国经济的快速发展、人民收入水平和交通水平的快速提升，我国的石油消费量和进口量快速增长，2010－2014年，石油消费量年均增长率4.5％，进口量年均增长

[1] 本报告基于可获得的参考资料，将大部分数据更新到2014年，少部分数据更新到2015年，为保证数据的时效性，本报告就数据更新的年限不作统一。

6.0%。2014年，世界石油总产量和总消费量小幅上升，我国石油产量位居世界第四。

2015年国际油价上半年震荡上升，下半年破位下跌。上半年，在美元冲高回落、沙特阿拉伯空袭也门等地缘冲突的刺激下，WTI和Brent原油价格一度为62.58美元/桶和67.77美元/桶；下半年在原油库存节节攀升、供应过剩不断恶化、美联储加息等重压之下，国际油价一落千丈，WTI和Brent原油价格年末分别跌至34.53美元/桶和36.11美元/桶的年度最低价。全年WTI、Brent原油期货年均价格分别为48.79美元/桶和53.60美元/桶，同比分别下降47.5%和46.1%。2010—2015年，国际原油价格总体上处于震荡下行阶段，WTI和Brent原油期货价格年均增长率分别为-9.3%和-7.8%。

我国成品油价格在国际上处于较低水平，但近两年调整幅度较大，与国际水平逐步接近。2014年中国成品油价格与国际价格比较，汽油不含税价格（0.83美元/L）和含税价格（1.26美元/L）在所列的34个国家中分别排在倒数第8位和倒数第3位；柴油不含税价格（0.75美元/L）和含税价格（1.15美元/L）在所列的34个国家中排在倒数第3位和倒数第1位，处于较低水平；成品油税费比例（汽油，33.9%；柴油，31.3%）低于大部分国家。近几年，中国石油国际依存度越来越高，促使成品油价格不断调整，2014—2015年先后进行了37次调整，并3次提高成品油消费税，汽油和柴油消费税分别提高0.52元/L和0.4元/L，2015年汽油和柴油出厂价降幅分别为20.9%和22.3%，成品油价格调整幅度较大，逐步与国际成品油价格水平接近。

2016年国际油价总体上仍保持低位。从全球经济形势和原油供需基本面看，2016年全球经济延续缓慢增长势头，新兴国家作为原油需求增长的主要动力，其经济转型和调整仍未结束，需求增长依旧疲弱。美元走势、地缘政治因素仍将是影响2016年国际油价走势的主要因素。预计以Brent为代表的国际原油全年均价为45～50美元/桶，代表美国市场的WTI原油全年均价为42～47美元/桶。

（二）天然气价格

2014年，世界天然气产量略有上涨，增长1.5%。2014年世界天然气消费增长0.4%，较2013年天然气消费增幅下降0.7个百分点。2014年全球天然气贸易同比下降，降幅为3.7%，其中管道天然气降幅达6.6%，同时LNG贸易量呈上升态势，较2013年提高2.5%。2014年，我国天然气消费量为1855亿m^3，同比增速为8.6%，我国累计进口天然气584亿m^3，其中，管道天然气进口量占总贸易量的53.6%，较2013年提高0.8个百分点，LNG进口量占46.4%。

2014—2015年，各区域市场天然气价格整体下行。美国进口天然气价格受国际油价下降、非常规天然气开发政策等的影响，进口天然气价格延续下降趋势，2015年月均降低6.45%。日本进口LNG价格继续下行态势，2015年月均降低3.78%。俄罗斯出口德国的管道天然气价格下降趋势仍较为明显，月均降低4.4%。

中国工业天然气价格在世界上处于中等偏上水平，民用天然气价格在世界上处于中等偏下水平。2014年，与可获得数据的国家和地区天然气价格比较，中国工业用天然气不含税价格在所列的23个国家中排在第9位，含税价格排在第6位，处于中等偏上水平；中国居民用天然气含税价格和不含税价格在所列的26个国家中均排在第25位，处于较低水平。

2010—2014年，工业用天然气价格地区间差异较大，主要受到管道限制带来的天然气流动性限制，天然气市场仍然呈现明显的区域性特征。以加拿大和美国为代表的北美市场价格处于世界低位，而亚太地区和欧洲市场价格水平较高，2014 年，受国际油价及世界经济低迷影响，除美国、加拿大、中国和葡萄牙外，大部分国家和地区价格均出现一定程度下降。居民用天然气价格，除土耳其、卢森堡、捷克和丹麦外，大部分国家和地区呈现上涨趋势。

从中国天然气价格变化趋势上看，2010—2014 年中国工业用天然气价格增长率在国际上处于中等偏上水平，年均增长率为 7%。2010—2014 年，中国居民用天然气价格增长率在国际上处于较低水平，年均增长率为 0.4%。

2016 年，预计全球天然气价格将保持低位震荡态势。主要受 2014、2015 年以来油价下跌影响，预计在与油价挂钩定价开展贸易的地区，如欧洲大陆和亚太地区，天然气价格仍有一定下降空间，并将保持低位震荡态势；北美地区，天然气产量将继续增长势头，同时由于制造业复苏，消费回暖，价格将从前几年的下降趋势有所回升。中国受天然气价格下调影响，2016 年天然气市场消费增速有望回升，同时短中期来看价格仍有下降空间。

（三）煤炭价格

2010—2014 年，世界煤炭产量和消费量均保持增长态势，中国年均增速略高于世界平均水平。2014 年，全球煤炭生产规模同比下降，消费规模同比略有增长，我国煤炭消费量和产量均居世界各国之首。由于经济发展不确定和需求不足等影响，国际煤炭市场价格走势下跌。

2010—2014 年，不同国家间发电用煤价格变化趋势不尽一致。土耳其电煤价格年均增速较大，超过 15%；葡萄牙、中国、德国、爱尔兰、英国和芬兰电煤价格走势下降；中国电煤价格年均下降 4.2%。2014 年，我国电煤价格继续回落。全球电煤价格奥地利最高，为137.7美元/t；土耳其价格最低，为43.5美元/t；中国电煤价格水平依然较高，为101.3美元/t，比2013年回落约15美元/t（97.6元/t）。

2015年，各类煤炭市场价格呈现震荡下行走势。我国进口煤炭20 418万t，全年维持净进口格局，进口原煤平均价格为59.2美元/t，同比下降30.0%；国际煤炭市场，亚太地区煤炭价格受经济发展低迷、夏季降水增多等影响，澳大利亚BJ标准动力煤现货价格下降8.7美元/t左右；大西洋地区煤炭市场价格受市场需求不足、国际市场原油价格下探、气候变化偏不利等影响，南非理查德RB动力煤现货价格和欧洲三港动力煤现货价格分别下降10.2美元/t和7.9美元/t；国内煤炭市场受煤炭产能过剩、经济发展趋缓等影响，市场交易煤平均价格下降51.1元/t。全国电煤价格指数下降94.0元/t。分省看，各省电煤价格均有不同幅度下跌，四川降幅最大达152.7元/t，蒙西地区降幅最小为11.0元/t。

2015年，国内煤炭价格高于澳大利亚BJ动力煤价格。我国环渤海煤炭价格各月均高于澳大利亚BJ动力煤价格，平均高出161.4元/t。从走势看，我国环渤海煤炭价格与澳大利亚BJ动力煤价格年内均为下跌走势，年初，国内动力煤价格维持在相对高位，在1月形成两者最大价差，为260.5元/t，后期，国内动力煤价格下降显著，在12月形成最小价差，为119.0元/t。

2016年，预计煤炭市场价格将呈波动反弹走势，国内外煤炭市场价格走势趋同。预计5500kcal❶的环渤海动力煤价格，上半年在供需宽松形势影响下，价格表现为平稳震荡态势，下半年受成本因素和季节性需求扩大等影响，价格将略有反弹上涨。

---

❶ 1kcal=4186.8J。

（四）电力价格

我国上网电价慢速平稳增长。2014 年平均上网电价水平，我国为 0.067 美元/（kW·h），低于美国、韩国等国家发电市场批发价。2010—2014 年，我国上网电价以年均 2%的速度平稳增长。韩国、澳大利亚市场批发电价年均增速达 5.5%、6.5%。美国及欧洲部分国家上网电价下降，美国年均降幅为 1.8%，挪威、丹麦等国市场批发价格年均降幅超过 10%。中、美都是以火电为主的电源结构，上网电价主要受设备造价和燃料成本影响。2010—2014 年，中国煤价先涨后跌，但政府将部分煤价降价空间用于调整销售侧政府性基金及附加，上网电价的波动不大，加上后两年气电加快发展，气价上涨，上网电价小幅上涨。美国由于页岩气大规模开发、天然气价格总体下降等原因，发电燃料价格下降，上网电价下降。

我国输配电价与欧美国家相比较低。2014 年，我国的输配电价为 0.031 美元/（kW·h），低于美国、法国、德国等国家［0.037～0.117 美元/（kW·h）］。输配电价占销售电价比重，我国为 30.5%，与丹麦、美国、英国、韩国等国家（22.9%～38.1%）相比不高。2010—2014 年，我国输配电价受统计口径纳入价高的县级供电公司、农网升级改造等影响，增速较高。欧洲大部分国家为支撑大范围电力交易和资源优化配置，加快建设跨国电网以及相应各国电网，直接影响输配电价上涨。美国电网经过大停电事故后的改造和建设，近年逐渐趋于成熟，输配电价相对涨幅较低。

我国销售电价水平在国际上均处于较低位置。2014 年，美国、中国、新西兰、韩国、南非等国家的各类用户平均销售电价比较，中国［0.101 美元/（kW·h）］较低，仅高于南非。部分国家（地区）工业电价水平为 0.048～0.328 美元/（kW·h），其中税费占比为 1%～40%；居民电价为 0.084～0.403 美元/（kW·h），其中税费占比为4.8%～56.8%；中国的工业、居民电价分别为0.107、0.084美元/（kW•h)，均处于较低水平，税费占比也处于中等偏低水平。与美国比，我国的工业电价高于美国、居民电价低于美国，主要原因是：我国工商业用户对居民用户和农业用户长期实行交叉补贴，以及我国工业用电占比很大，如果电价较低，将导致商业、居民电价大幅上升。**我国销售电价增长较慢，**2010—2014年，33个国家工业电价年均增长率为-6.4%～17.6%，中国为2%，居民电价年均增长率为0.1%～10.4%，中国为2.4%。

我国居民与工业电价比价低于发达国家。2014年，德国、美国、英国、法国等29个国家（地区）的居民电价与工业电价比价平均约1.8，我国仅为0.78，反映我国工业用户补贴居民用户程度较深。从2010—2014年的比价变化来看，我国自居民实行阶梯电价后，2013、2014年的比价略有提高。

（五）能源比价

基于热值、终端等效和完全成本三种方法对国际能源比价进行对比分析，主要结论如下：

基于热值的比价分析结果显示，我国能源比价总体呈上涨态势。主要原因在于：我国近年煤炭价格大幅下降，2012—2014年，煤炭价格年均降幅达13%，由此造成其他能源相对于煤炭的比价连年上升。从2010—2014年平均水平来看，我国油与煤的比价为3.5，接近国际平均水平3.3～3.4；工业用天然气与煤炭比价为2.5，接近国际平均水平的2.6；工业电价与煤炭比价为5.6，低于国际平均水平的7.5；居民用天然气、居民用电和煤的比价分别为2.0和4.4，与国际平均水平的4.4、10.1相差较大。基于终端等效的比价分析显示，我国能源比价与国际水平的差距更大。

这一比价分析结果与我国能源价格政策紧密相关。通过市场化改革，我国煤炭、石油价格已基本上与国际价格接轨，因此油与煤的比价与国际平均水平接近，但气、电价格长期实行政府定价，不能充分发挥价格信号的引导作用，尤其考虑居民用户的承受力，近年来对居民用气和居民用电价格缺乏合理的调整，价格未反映合理的供求关系和供应成本，所以我国居民比价低于工业比价，也低于其他各国。综合分析表明，**我国工业电价相对较低，居民气价与居民电价更低**。

基于完全成本的比价分析结果显示，**油、气、电与煤炭的比价总体呈上升态势，能源比价有所优化**。主要原因在于近年煤炭价格大幅下降，煤炭行业的利润接近合理水平。

从方法的适用条件来看，三种方法中，能源计量单位都是采用国际上通用的吨油当量，即将煤炭、原油和天然气换算成油当量进行比较，但实际统计和数据处理中，各国的折算系数取值可能存在一定差异，尤其我国煤炭、原油和天然气换算过程中，能源的品种和品质等都会影响折算系数。此外，各国汇率的波动也会影响比价。基于终端等效的方法中，能源的用途不同造成效率系数差异较大，从而对比价的计算结果影响很大。基于完全成本的比价测算中，以全部成本替代现行的实际价格计算出合理比价，煤炭、电力行业的利润水平以及外部成本都将影响分析的结果。

为反映市场供求关系、资源稀缺程度和环境治理成本，我国通过实行能源价格改革将使能源比价逐步合理化。参考国际能源比价趋势，结合我国终端用能效率等因素，**建议我国能源比价调整如下：油与煤炭比价保持在3.2～4.0；气与煤炭综合比价保持在2.8～3.5，工业用户比价保持在2.4～4.0，居民用户比价提高到3.6～5.8；电力与煤炭综合比价提高到7.5～10.1，工业用户提高到6.6～8.4，居民用户比价提高到9.1～12.8**。

（六）能源价格专题分析

（1）2015 年输配电价改革试点进展及建议。继深圳之后，2015 年上半年国家发展改革委批复了蒙西试点方案，选取安徽、湖北、宁夏、云南、贵州五个地区启动第二批试点。2015 年输配电价改革试点取得了以下主要进展：一是建立规则明晰、水平合理、监管有力、科学透明的独立输配电价体系的改革目标基本达成共识；二是形成了试点先行、因地制宜、健全机制的改革原则。但改革仍需解决如下问题：一是“建机制”和“控水平”均衡问题；二是完善的输配电价体系建设问题；三是政府部门监管目标协同问题。下一步改革的几点建议：一是进一步统一思想，将改革目标统一到建立科学合理的电价机制上；二是加快推动完善的输配电价体系建设；三是进一步加强国家和地方、以及政府各级部门的横向和纵向统筹衔接，分解落实相关部门在电力改革工作中的责任。

（2）英国 RIIO 管制模式介绍及启示。英国燃气与电力管制办公室（OFGEM）对燃气及电力的输配企业实行基于价格上限的管制体系 20 年后，采用了新的 RIIO 模式，仍然依据评估后的成本和回报率等收益参数确定基本收入以及管制价格上限。该模式主要在六方面进行了改进：一是管制从降低成本为主转向用户满意度、安全性、可靠性与可用性、接入网络的条件、环境影响、社会责任等多目标管制；二是监管周期改为 8 年，鼓励网络公司考虑长远发展；三是提供了多种激励机制鼓励网络公司创新；四是广泛应用评估工具提升监管的科学性；五是引入第三方参与评估提升监管的客观性；六是对电网公司实施加速折旧政策应对新挑战。上述模式对我国输配电价核定机制有如下启示：一是建立投资审核和服务绩效关联机制；二是建立与绩效关联的成本评估机制；三是建立投资偏差调整机制。

（3）国外分电压等级分用户类别定价实践及启示。根据中发 9 号文和输配电定价成本监审暂行办法（试行）规定，我国输配电价按照分电压等级分用户类别核定，这就要求采用合理方法确定各电压等级各类用户输配电价水平。通过对美国、澳大利亚和英国典型国家配电价格制定的经验分析，得到以下启示：一是分电压等级分用户类别核定输配电价符合国际通行的做法，有利于与电力市场化改革相衔接。二是可采用多种方法将成本分摊到电压等级和用户类别。国外成本分摊的基本方法和步骤：首先功能化成本，根据资产功能和电压等级等进行分类；然后将成本根据动因分类，如按需求、电量或用户数量成本动因进行分类；最后将成本分摊到用户。三是采用反映位置信号的定价方法对高电压网络进行定价。四是定价的过程中需要权衡资源优化配置目标和定价机制的简单易操作性。五是用户的输配电价采用多种计价形式。

（4）国际上地区间电价交叉补贴模式介绍。国际上地区间交叉补贴，指的是国际上一国内部，不同的配电区域间，由于不同的配电区域供电成本差异较大，但由于承受能力限制或者政治因素考虑，均执行统一电价政策，从而形成了不同的配电公司之间补贴和被补贴的交叉补贴关系。目前国际上地区性电价交叉补贴的模式主要有以下几种：配电公司之间直接进行转移支付；低成本电源分配；输电差别定价；私有化过程中市场定价。

1

石油价格分析

1.1 石油的生产与消费

1.1.1 世界及主要国家石油生产量和消费量

2014年，世界石油总生产量和消费量分别为88 673千桶/d和92 086千桶/d，同比增长分别为2.4%和0.9%。石油生产量占世界总生产量比例最高的是美国，为13.1%；中国为4.8%，位居世界第四。石油消费量占世界总消费量比例最高的是美国，达20.7%；中国为12.0%，仅次于美国，位居世界第二，具体见图1-1和图1-2。

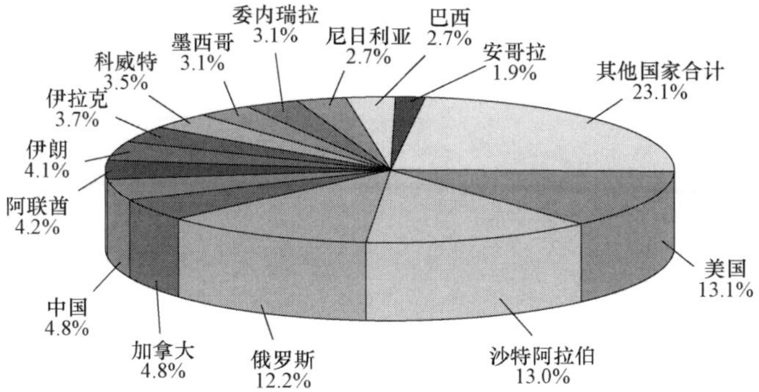

图1-1 2014年主要产油国家石油生产量占世界总生产量的比例

2010—2014年，世界石油总生产量和消费量呈上升态势，年均增长率分别为1.6%和1.2%。中国石油产量年均增长1.0%，低于世界平均增长水平；石油消费量年均增长4.5%，处于世界较高增

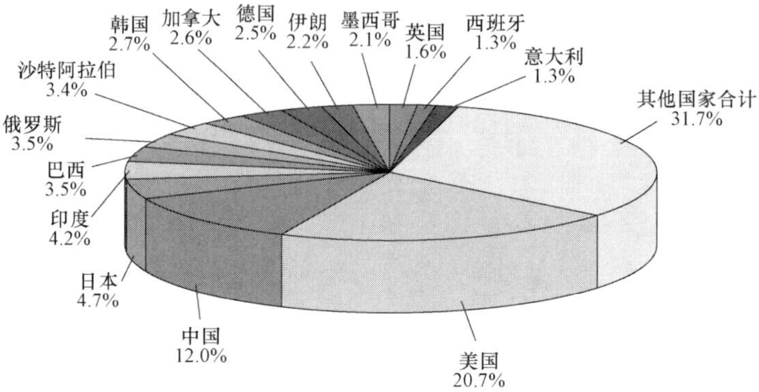

图 1-2 2014 年主要国家石油消费量占世界总消费量的比例

长水平。

1.1.2 世界及主要国家石油贸易量

2014 年，世界石油贸易量为 56 736 千桶/d，同比增长 0.9%。石油进口量占比最高的国家是美国，为 16.3%；中国为 13.3%，位居世界第二。石油出口量占比最高的地区是中东，为 34.8%；中国仅为 1.0%，具体见图 1-3 和图 1-4。

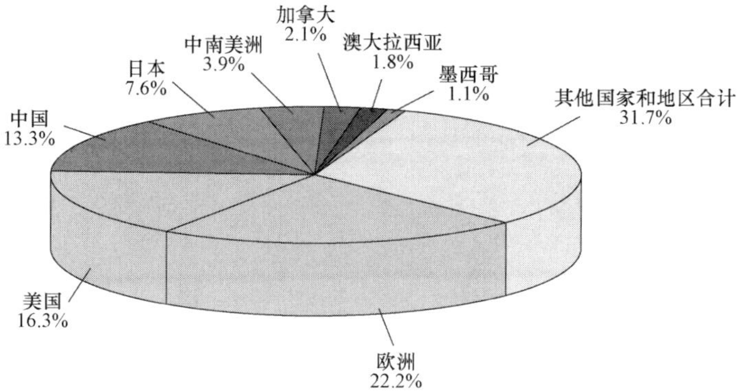

图 1-3 2014 年主要国家（地区）石油进口量占世界总进口量的比例

2010—2014 年，世界石油贸易量逐年总体呈上升态势，年均增

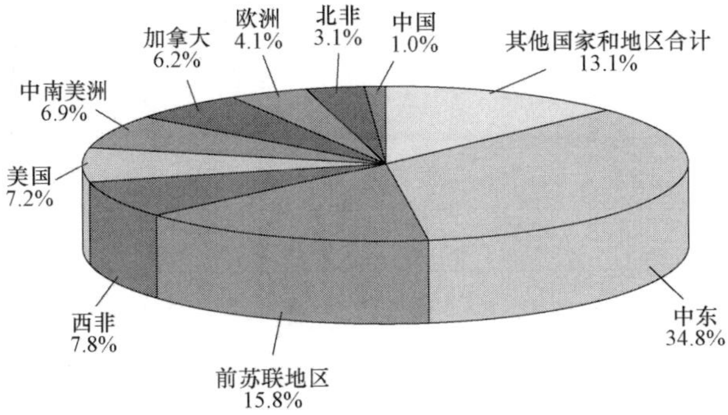

图 1-4 2014 年主要国家（地区）石油出口量占世界总出口量的比例

长 1.5%。世界上大部分国家（地区）的石油进口量和出口量均逐年上升。中国的石油进口量年均增长率为 6.0%，增长速度较快；出口量年均增长率为-4.4%。

2010—2014 年世界三大石油进口国中，石油对外依存度美国逐年下降；日本有升有降，已接近 100%；中国逐年上升，2014 年为 59.5%，同比上升 1.1 个百分点。对外依存度提高给国家能源安全带来了不利影响，决定了我国必须加大勘探开发力度以提高自给率。

1.2 原油价格分析

1.2.1 原油期货价格

在世界原油交易体系中，纽约商业交易所（NYMEX）的西得克萨斯中质原油（WTI）期货价格和伦敦国际石油交易所（IPE）的布伦特原油（Brent）期货价格分别代表北美和欧洲两个不同石油市场的基准价格，因此，WTI 原油期货价格须对北美特别是美国石油市场的供需状况做出反应，Brent 原油期货价格须对欧洲石油市场的供需状况做出反应。2010—2015 年原油期货价格及变化趋势如表 1-1 和图 1-5 所示。

表 1-1 2010—2015 年原油期货价格 美元/桶

项目	2010 年	2011 年	2012 年	2013 年	2014 年	2015 年	年均增长率(%)	2015 年同比增长（%）
WTI	79.61	95.11	94.15	98.05	92.91	48.79	-9.3	-47.5
Brent	80.34	110.91	111.67	108.70	99.45	53.60	-7.8	-46.1

资料来源：WTI 来源 http：//www.eia.doe.gov，Brent 来源 Wind 资讯。

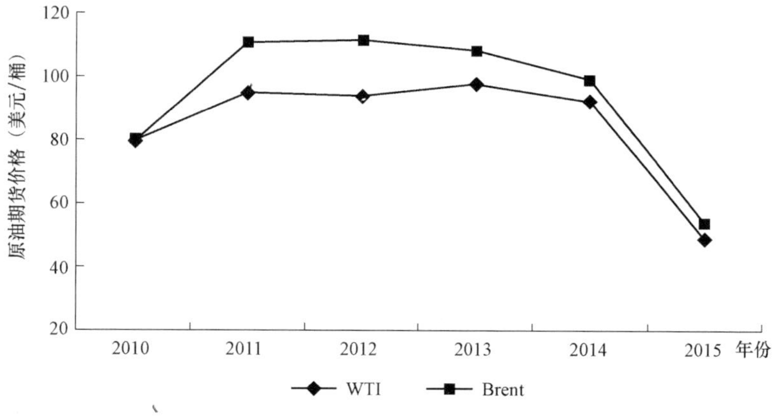

图 1-5 2010—2015 年原油期货价格变化趋势

2010—2015 年原油期货价格总体上处于震荡下行阶段，WTI 和 Brent 原油期货价格年均增长率分别为-9.3%和-7.8%，其中 2011 年开始大幅跳涨；2012 年以后随着全球经济的逐步复苏进入相对稳定期，整体上行且波动幅度逐渐减小；2013 年波幅继续收窄，但呈现略微分化走势；2014 年开始下降；2015 年下降幅度较大，WTI 原油期货价格和 Brent 原油期货价格下降幅度分别为 47.5% 和 46.1%。

2014 年国际原油价格走势震荡走跌，纽约和伦敦两市油价整体下行且波动幅度逐渐加大。上半年主要受供应忧虑、地缘政治因素影响，油价上升；下半年主要受供应量远超需求量，特别是美国页岩油的产量大幅增长，使美国从原油进口国转变成原油出口国等因素影响，油价大幅下跌，WTI、Brent 较年内最高油价下跌分别约 48.97%和 48.21%。全年 WTI、Brent 原油期货年均价格分别为 92.9 美元/桶和 99.4 美元/桶，同比下降分别为 5.2%和 8.5%。

继 2014 年国际油价高位下跌后，**2015 年国际油价上半年震荡上升，下半年破位下跌。上半年，在美元冲高回落、沙特阿拉伯空袭也门等地缘冲突的刺激下，WTI 和 Brent 原油价格一度站上了 62.58 美元/桶和 67.77 美元/桶**。1—3 月国际油价相对表现平稳，年初由于原油供应充足，油价延续 2014 年下半年下跌的走势，Brent 原油价格 1 月跌至 46.59 美元/桶。3 月中旬 WTI 原油价格在最低触及 42.02 美元/桶后，出现了强劲反弹。4 月初美国库欣原油库存五个月来首次下降，也门事件持续升级，美元持续下行，大量资金涌入油市。5 月上旬 WTI 和 Brent 原油价格分别冲高至 62.58 美元/桶和 67.77 美元/桶。此后至 6 月底，WTI 和 Brent 原油价格分别在 56～62 美元/桶和 62～67 美元/桶之间窄幅震荡。**下半年在原油库存节节攀升、供应过剩不断恶化、美联储加息等重压之下，国际油价一落千丈，WTI 和 Brent 原油价格年末分别跌至 34.53 美元/桶和 36.11 美元/桶的年度最低价**。7 月开始对希腊将退出欧元区的担忧大幅升温，之后伊朗和西方六国就伊核问题达成全面协议，中国股市急跌，经济数据疲弱，人民币贬值，全球股市出现剧烈震荡，再次引发原油跌势。8 月下旬 WTI 和 Brent 油价一度下探至 37.75 美元/桶和 42.69 美元/桶；9—10 月 Brent 油价在 46～51 美元/桶之间窄幅震荡。11 月开始中国经济数据仍然不佳，美国原油库存持续增加，俄罗斯原油产量创新高，欧佩克会议不减产并不设产量上限，以及美元走高等多重因素使得国际油价持续下跌。12 月中旬 WTI 和 Brent 原油价格分别跌至 34.53 美元/桶和 36.11 美元/桶的年度最低价。Brent 和 WTI 价差全年呈现宽幅震荡态势，2015 年 2 月 26 日达到全年最大价差 11.88 美元/桶，但 12 月 22 日以后，由于美国解除原油出口禁令，价差迅速收窄到 0.5 美元/桶以下，有 6 个交易日甚至出现负价差，2015 年价差平均水平为 4.81 美元/桶，较 2014 年收窄 1.67 美元/桶，具体如图 1-6 所示。

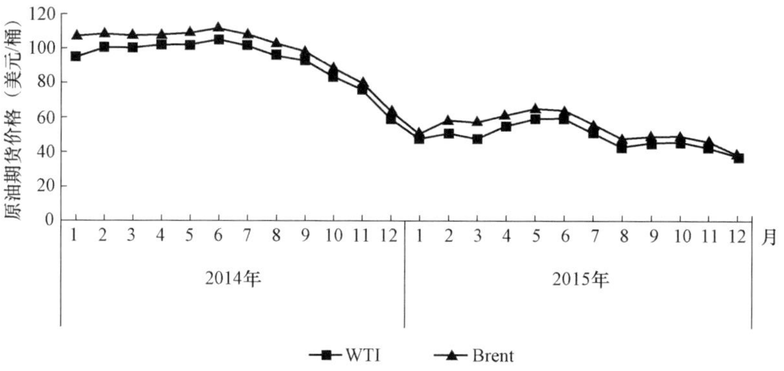

图 1-6 2014 年 1 月—2015 年 12 月原油期货价格变化趋势

1.2.2 国际原油现货价格

2010—2014 年国际原油现货价格及变化趋势如表 1-2 和图 1-7 所示。

表 1-2 2010—2014 年国际原油现货价格 美元/桶

国际原油	2010 年	2011 年	2012 年	2013 年	2014 年	年均增长率(%)	2014 年同比增长(%)
迪拜原油	78.06	106.18	109.08	105.47	97.07	5.6	-8.0
布伦特原油	79.50	111.26	111.67	108.66	98.85	5.6	-8.9
尼日利亚福卡多斯原油	81.05	113.65	114.21	111.95	101.35	5.7	-9.5
西得克萨斯中质原油	79.45	95.04	94.13	97.99	93.28	4.1	-4.8

资料来源：《BP 世界能源统计 2015》。

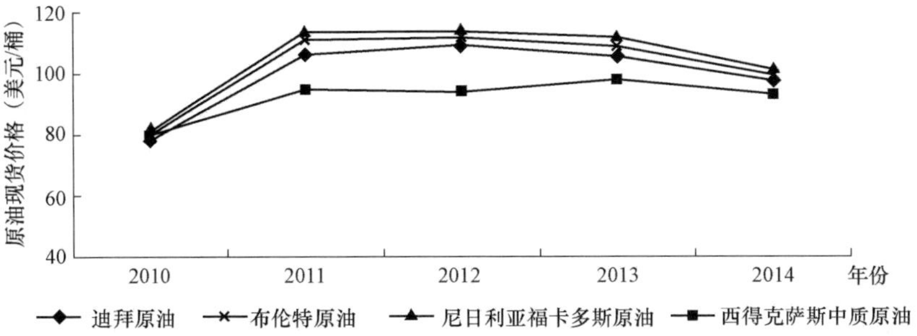

图 1-7 2010—2014 年国际原油现货价格变化趋势

2010—2014 年间，国际原油现货价格 2010 年开始逐年上升，2013 年开始下降，其中迪拜、布伦特及尼日利亚福卡多斯及西得克萨斯中质原油现货价格年均增长率在 4.1%～5.7%范围内。2014 年与 2013 年相比，下降幅度在 4.8%～9.5%范围内。

1.2.3 国际原油离岸价格

2015 年国际原油现货离岸价格最高的国家是哥伦比亚，为 47.21 美元/桶，最低的是委内瑞拉，为 41.09 美元/桶。2015 年部分国家（地区）原油现货离岸价格如表 1-3 和图 1-8 所示。

表 1-3 2010—2015 年部分国家（地区）原油现货离岸（FOB）价格 美元/桶

国家（地区）		2010 年	2011 年	2012 年	2013 年	2014 年	2015 年	年均增长率(%)
地区	平均	74.19	101.66	99.78	96.56	85.65	41.92	-10.8
	波斯湾	75.65	106.47	105.45	100.62	94.03	46.20	-9.4
	OPEC 国家	75.23	105.34	104.39	100.59	89.76	43.19	-10.5
	非 OPEC 国家	73.24	98.49	95.71	93.67	82.95	41.23	-10.9
国家	安哥拉	78.18	111.82	111.23	107.71	w	w	—
	哥伦比亚	72.56	100.21	106.43	101.24	80.75	47.21	-8.2
	墨西哥	72.46	100.9	101.84	98.40	86.55	44.76	-9.2

续表

国家（地区）		2010年	2011年	2012年	2013年	2014年	2015年	年均增长率(%)
国家	尼日利亚	80.83	115.35	114.51	110.06	w	w	—
	沙特阿拉伯	76.44	107.08	106.65	101.16	95.60	46.66	-9.4
	委内瑞拉	70.3	97.23	100.15	97.52	84.51	41.09	-10.4

资料来源：http：//www.eia.doe.gov，EIA。

注 w表示为了避免个别公司数据披露而隐瞒。

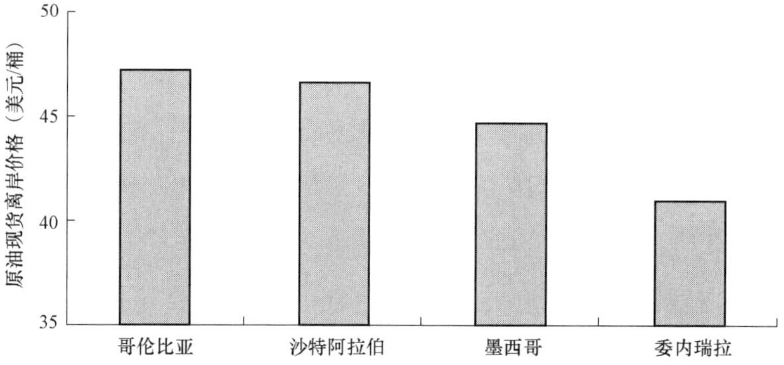

图1-8 2015年部分国家原油现货离岸价格比较

2010—2015年国际原油现货离岸价年均增长率为-10.8%，OPEC国家和非OPEC国家年均增长率分别为-10.5%和-10.9%。2010—2015年国际原油现货离岸价格起伏较大，2011年延续2010年上涨趋势，涨幅在34.5%～43.0%范围内；2012—2015年逐年走低，降幅逐年加大，2015年降幅达50%左右，具体如表1-3和图1-9所示。

1.2.4 原油到岸价格

2014年，各国原油进口到岸平均价格为99.84美元/桶，中国原油进口到岸价格为100.63美元/桶，与世界其他国家基本相当。2014年部分国家原油进口到岸（CIF）价格及比较如表1-4和图1-10所示。

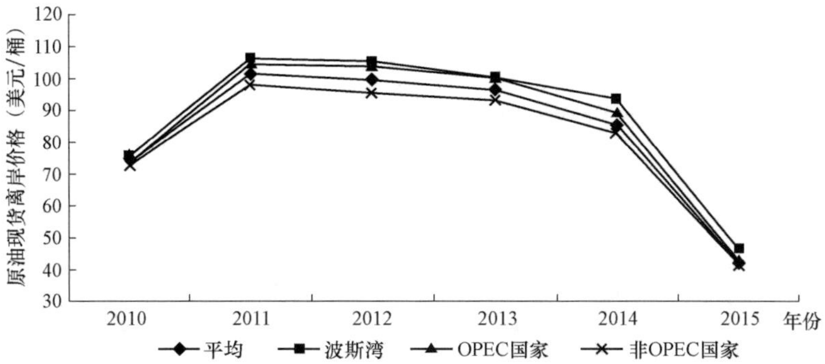

图 1-9 2010—2015 年原油现货离岸价格变化趋势

表 1-4 2014 年部分国家原油进口到岸（CIF）价格 美元/桶

国家	2014 年	国家	2014 年
澳大利亚	107.05	荷兰	99.22
新西兰	105.96	意大利	99.09
日本	104.16	加拿大	98.60
奥地利	103.81	比利时	98.49
韩国	101.24	瑞典	97.75
中国	100.63	西班牙	97.07
英国	100.07	希腊	95.55
德国	99.76	美国	89.43
法国	99.40	**平均**	**99.84**

资料来源：1. 国外：《ENERGY PRICE & TAXES，2nd Quarter 2015》，IEA。
2. 中国：《中国统计年鉴 2015 年》。

注 中国数据根据进口量和进口额计算。

2010—2014 年，部分国家原油进口到岸价格及变化趋势如表 1-5 和图 1-11 所示。自 2010 年开始，大部分国家原油进口到岸价格逐年上升，到 2013 年开始下降，五年年均增长率在 3.4%～12.1%之间，2014 年除日本、澳大利亚等少数几个国家外，大部分国家原油进口到岸价格均下降，同比下降幅度在 2.6%～13.9%之间。

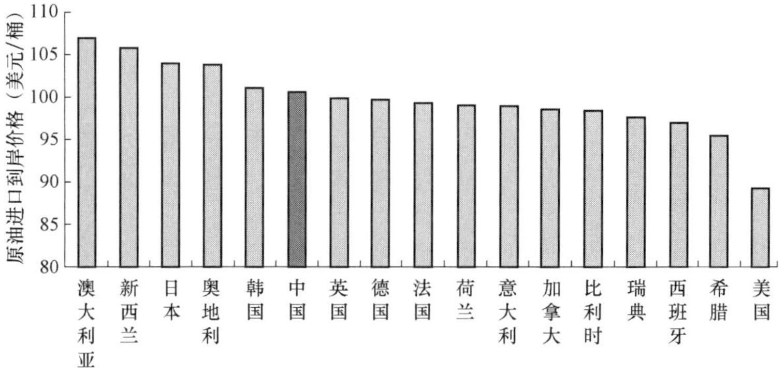

图 1-10　2014 年部分国家原油进口到岸价格比较

表 1-5　　2010—2014 年部分国家原油进口到岸（CIF）价格　　本币元/桶

国家	2010 年	2011 年	2012 年	2013 年	2014 年	年均增长率(%)	2014 年同比增长(%)
日本	6971	8727	9158	10 796	11 025	12.1	2.1
加拿大	81.51	109.69	110.50	111.86	108.95	7.5	−2.6
澳大利亚	90.03	112.19	113.78	118.30	118.72	7.2	0.4
奥地利	60.40	79.75	87.53	83.30	78.27	6.7	−6.0
德国	59.26	79.54	87.30	82.54	75.22	6.1	−8.9
荷兰	59.31	78.51	86.78	81.74	74.81	6.0	−8.5
意大利	59.86	79.26	87.28	82.81	74.71	5.7	−9.8
西班牙	58.77	78.01	85.18	80.40	73.19	5.6	−9.0
法国	60.23	80.37	87.14	82.50	74.95	5.6	−9.2
比利时	60.14	79.45	86.23	81.66	74.26	5.4	−9.1
希腊	59.62	78.67	87.07	81.03	72.04	4.8	−11.1
中国	**523.03**	**681.63**	**699.27**	**656.31**	**618.16**	**4.3**	**−5.9**
瑞典	568.96	717.36	760.56	710.57	670.57	4.2	−5.6
美国	76.02	102.43	101.16	97.25	89.43	4.1	−8.0

续表

国家	2010 年	2011 年	2012 年	2013 年	2014 年	年均增长率(%)	2014 年同比增长(%)
韩国	90 922	120 362	127 508	118 906	106 606	4.1	−10.3
英国	52.23	70.82	71.06	70.57	60.74	3.8	−13.9
新西兰	111.90	142.50	145.36	138.38	127.79	3.4	−7.7

资料来源：1. 国外数据来源于《ENERGY PRICE & TAXES，2nd Quarter 2015》，IEA。

2. 中国数据来源于《中国统计年鉴 2011 年》～《中国统计年鉴 2015 年》。

3. 汇率来源于《ENERGY PRICE & TAXES，2nd Quarter 2015》，IEA。

注 中国数据根据每年进口量和进口额计算。

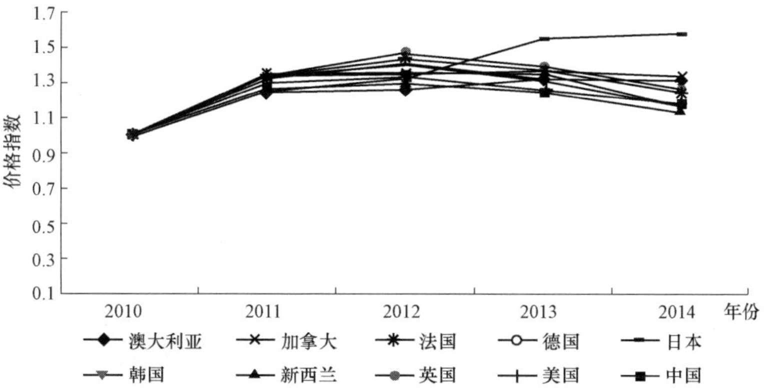

图 1-11 2010—2014 年部分国家原油进口到岸价格变化趋势

1.3 成品油价格分析

1.3.1 中国成品油价格

2010—2015 年中国成品油价格（含税，下同）先升后降，2012 年上升至最高点，2013 年开始下降，2015 年下降至低于 2010 年水平。2010—2015 年间汽油和柴油出厂价格年均增长率分别为−1.0%

和- 2.0%，2015 年汽油和柴油出厂价格比 2014 年分别下降了 20.9%和 22.3%。2010—2015 年中国成品油平均价格及变化趋势如表 1-6 和图 1-12 所示。

表 1-6 2010—2015 年中国成品油平均价格（出厂价） 元/t

成品油	2010 年	2011 年	2012 年	2013 年	2014 年	2015 年	年均增长率(%)	2015 年同比增长(%)
汽油	7037	8329	8593	8472	8445	6678	-1.0	-20.9
柴油	6321	7056	7766	7652	7339	5705	-2.0	-22.3

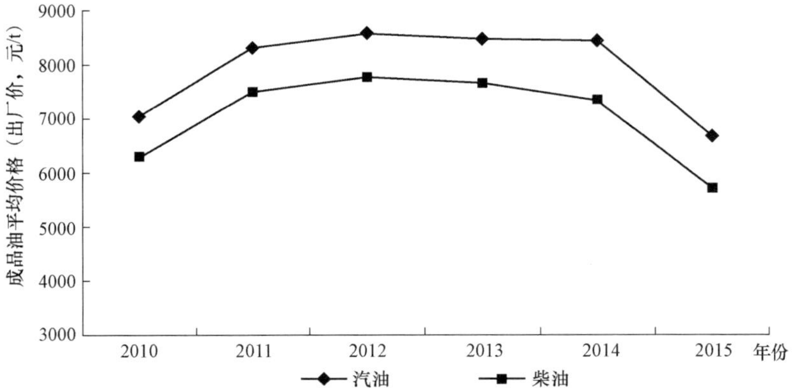

图 1-12 2010—2015 年中国成品油平均出厂价格变化趋势

2013 年 3 月，国家进一步完善了成品油价格形成机制，一是将成品油调价周期由现行 22 个工作日缩短至 10 个工作日；二是取消了国际市场油价波动 4%才能调价的幅度限制；三是根据国内原油进口结构变化，适当调整了挂靠油种。受国际油价波动的影响，2014—2015 年国内成品油价格先后进行了 37 次调整，其中 2014 年提价 5 次，降价 13 次，并于 11 月 28 日和 12 月 12 日两次提高成品油消费税，汽油分别提高 0.12 元/L 和 0.28 元/L，柴油分别提高 0.14 元/L 和 0.16 元/L；2015 年提价 7 次，降价 12 次，并于 1 月 12 日提高汽油消费税 0.12 元/L，柴油 0.1 元/L。2015 年汽油消费税为 1.52 元/L，柴油消费税为 1.2 元/L。2015 年期间，汽油和柴油单价累计下降了 670 元/t 和 345 元/t，降幅分别为 10.2%和 6.1%，具体如表 1-7 和图 1-13 所示。

表 1-7 2014 年以来中国成品油价格（出厂价）调整情况 元/t

调价时间	汽油		柴油	
	调价后	调整幅度	调价后	调整幅度
2014 年 1 月 11 日	8700	165	7585	-120
2014 年 1 月 25 日	8570	-130	7460	-125
2014 年 2 月 27 日	8775	205	7660	200
2014 年 3 月 27 日	8640	-135	7530	-130
2014 年 4 月 25 日	8795	155	7675	145
2014 年 5 月 10 日	8745	-50	7625	-50
2014 年 5 月 24 日	8815	70	7695	70
2014 年 6 月 24 日	8980	165	7855	160
2014 年 7 月 22 日	8735	-245	7620	-235
2014 年 8 月 19 日	8545	-190	7435	-185
2014 年 9 月 2 日	8440	-105	7335	-100
2014 年 9 月 17 日	8300	-140	7200	-135
2014 年 9 月 30 日	8200	-100	7105	-95
2014 年 10 月 17 日	7900	-300	6815	-290
2014 年 10 月 31 日	7655	-245	6580	-235
2014 年 11 月 15 日	7465	-190	6400	-180
2014 年 12 月 13 日	7295	-170	6000	-400
2014 年 12 月 27 日	6775	-520	5500	-500
2015 年 1 月 13 日	6595	-180	5640	140
2015 年 1 月 27 日	6230	-365	5290	-350
2015 年 2 月 10 日	6520	290	5570	280
2015 年 2 月 28 日	6910	390	5945	375
2015 年 3 月 27 日	6670	-240	5715	-230

续表

调价时间	汽油		柴油	
	调价后	调整幅度	调价后	调整幅度
2015 年 4 月 11 日	6790	120	5830	115
2015 年 4 月 25 日	7090	300	6115	285
2015 年 5 月 12 日	7345	255	6360	245
2015 年 6 月 9 日	7235	−110	6255	−105
2015 年 7 月 8 日	7140	−95	6165	−90
2015 年 7 月 22 日	6875	−265	5900	−265
2015 年 8 月 5 日	6655	−220	5685	−215
2015 年 8 月 19 日	6445	−210	5480	−205
2015 年 9 月 2 日	6320	−125	5360	−120
2015 年 9 月 17 日	6410	90	5450	90
2015 年 10 月 21 日	6460	50	5500	50
2015 年 11 月 4 日	6335	−125	5375	−125
2015 年 11 月 18 日	6250	−85	5295	−80
2015 年 12 月 2 日	6105	−145	5155	−140

资料来源：国家发展改革委相关文件。

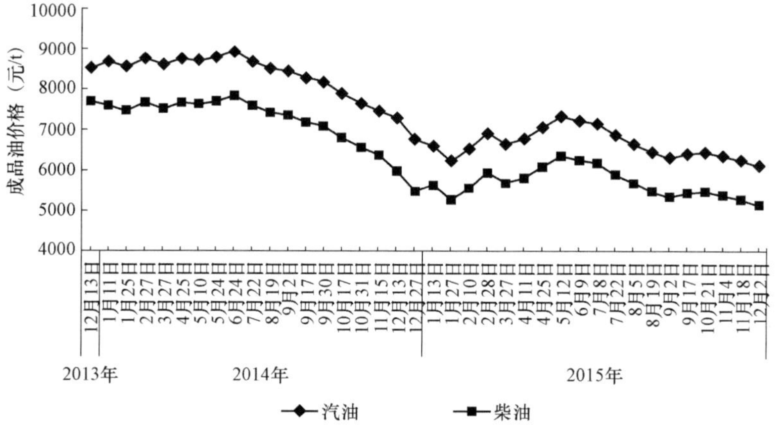

图 1-13 2014 年以来中国成品油价格调整情况

1.3.2 国际成品油价格

（一）汽油价格国际比较

从可获得数据的国家汽油价格水平来看，2014 年优质无铅汽油含税价格较高的国家是挪威和意大利，价格水平分别为 2.35 美元/L 和 2.27 美元/L；较低的国家为美国和墨西哥，价格水平分别为 0.94 美元/L 和 1.01 美元/L；中国汽油含税价格为 1.26 美元/L，在所列的 34 个国家中排在倒数第三位，处于较低水平。优质无铅汽油不含税价格水平中国为 0.83 美元/L，在所列的 34 个国家中排在倒数第 8 位，也处于较低水平。各国汽油的税价[1]占全价的比例，欧洲大部分国家在 50%以上；亚洲的日本和韩国也在 40%以上；中国为 33.9%，比上年提高 5.3 个百分点，在所列国家中高于美国、墨西哥、加拿大和澳大利亚。2014 年部分国家优质无铅汽油含税价格、不含税价格及构成如表 1-8、图 1-14 和图 1-15 所示。

表 1-8　2014 年部分国家优质无铅汽油含税价格、不含税价格及税价构成

美元/L

国家	不含税价格	消费税	增值税	含税价格（全价）	税价占全价比例（%）
挪威	0.96	0.92	0.47	2.35	59.3
意大利	0.89	0.97	0.41	2.27	60.7
荷兰	0.85	1.02	0.39	2.26	62.4
土耳其	0.90	0.97	0.33	2.21	59.1
希腊	0.87	0.89	0.40	2.16	59.8
丹麦	0.92	0.80	0.43	2.15	57.1
芬兰	0.82	0.89	0.41	2.12	61.4

[1] 各国汽油的税价主要包括消费税、增值税或商品及服务税等。

续表

国家	不含税价格	消费税	增值税	含税价格（全价）	税价占全价比例（%）
比利时	0.94	0.81	0.37	2.12	55.8
英国	0.80	0.96	0.35	2.10	62.1
以色列	0.91	0.85	0.32	2.09	56.2
瑞典	0.87	0.78	0.41	2.07	57.8
韩国	1.12	0.74	0.19	2.05	45.2
德国	0.84	0.87	0.32	2.04	58.6
爱尔兰	0.87	0.78	0.38	2.02	57.2
葡萄牙	0.87	0.78	0.38	2.02	57.15
法国	0.83	0.81	0.33	1.97	57.9
斯洛伐克	0.96	0.68	0.33	1.97	51.3
斯洛文尼亚	0.83	0.75	0.35	1.92	56.9
瑞士	0.92	0.82	0.14	1.88	51.0
新西兰	1.08	0.53	0.24	1.84	41.6
西班牙	0.90	0.62	0.32	1.84	50.9
奥地利	0.84	0.65	0.30	1.79	53.3
匈牙利	0.85	0.53	0.37	1.75	51.6
捷克	0.82	0.62	0.30	1.74	52.9
卢森堡	0.87	0.61	0.22	1.70	49.0
爱沙尼亚	0.84	0.56	0.28	1.68	50.0
波兰	0.83	0.53	0.31	1.67	50.4
日本	0.90	0.53	0.10	1.54	41.3
智利	0.90	0.46	0.17	1.54	41.4
澳大利亚	0.95	0.34	0.13	1.42	33.3
加拿大	0.93	0.31	0.06	1.30	28.4
中国	**0.83**	**0.23**	**0.20**	**1.26**	**33.9**

续表

国家	不含税价格	消费税	增值税	含税价格（全价）	税价占全价比例（%）
墨西哥	0.87	—	0.14	1.01	13.8
美国	0.80	—	—	0.94	14.6
平均	**0.89**	**0.67**	**0.29**	**1.85**	**49.8**

资料来源：《ENERGY PRICE & TAXES，2nd Quarter 2015》，IEA。

注 日本为 91 号汽油，韩国为 82 号汽油，中国为 97 号汽油，其余国家为 95 号汽油；增值税价格中，加拿大、新西兰为商品及服务税，日本为消耗税；美国的税价为 0.14 美元/L，分项税价未提供。

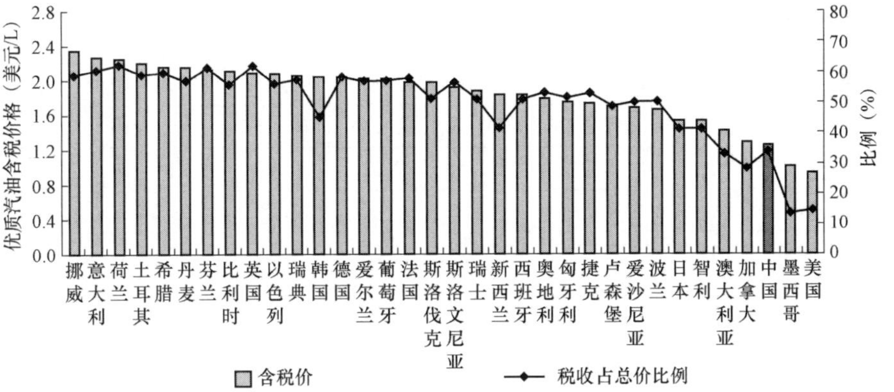

图 1-14 2014 年部分国家优质无铅汽油含税价格比较

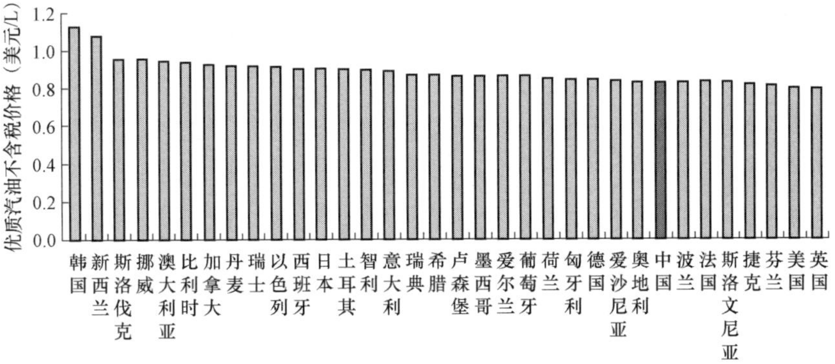

图 1-15 2014 年部分国家优质无铅汽油不含税价格比较

2010—2014 年部分国家优质无铅汽油价格及变化趋势如表 1-9 和图 1-16 所示。

表 1-9 2010—2014 年部分国家优质无铅汽油价格 本币元/L

国家	2010 年	2011 年	2012 年	2013 年	2014 年	年均增长率(%)	2014 年同比增长(%)
智利	635.44	734.01	786.33	801.36	875.93	8.4	9.3
墨西哥	9.80	10.30	10.89	12.00	13.37	8.1	11.4
土耳其	3.68	4.20	4.50	4.79	4.83	7.0	0.8
加拿大	1.13	1.34	1.38	1.41	1.43	6.0	1.4
意大利	1.36	1.55	1.79	1.75	1.71	5.9	−0.2
日本	132.96	145.79	146.93	155.96	162.90	5.2	4.4
美国	0.77	0.96	0.99	0.97	0.94	5.1	−3.2
斯洛文尼亚	1.20	1.29	1.48	1.49	1.45	4.8	−2.5
匈牙利	338.30	382.95	426.45	417.46	406.58	4.7	−2.6
新西兰	1.85	2.15	2.20	2.22	2.22	4.6	−0.01
西班牙	1.16	1.32	1.42	1.43	1.39	4.5	−3.0
斯洛伐克	1.25	1.45	1.55	1.50	1.48	4.4	−1.3
爱尔兰	1.30	1.48	1.62	1.59	1.53	4.1	−3.9
挪威	12.69	13.67	14.89	14.73	14.78	3.9	0.3
波兰	4.55	5.12	5.70	5.48	5.27	3.8	−3.7
中国	**6.67**	**7.58**	**7.88**	**7.79**	**7.73**	**3.7**	**−0.8**
澳大利亚	1.37	1.54	1.55	1.56	1.58	3.6	0.9
希腊	1.42	1.65	1.73	1.68	1.63	3.5	−2.6
爱沙尼亚	1.11	1.24	1.36	1.31	1.27	3.4	−3.1
荷兰	1.50	1.64	1.76	1.73	1.71	3.2	−1.7
奥地利	1.19	1.36	1.45	1.39	1.35	3.2	−3.0
捷克	31.86	34.60	36.69	36.19	36.12	3.2	−0.2
韩国	1908.06	2136.22	2233.98	2216.28	2162.86	3.2	−2.4
以色列	6.60	7.42	7.75	7.54	7.47	3.1	−2.3

续表

国家	2010 年	2011 年	2012 年	2013 年	2014 年	年均增长率(%)	2014 年同比增长(%)
丹麦	10.74	11.92	12.62	12.64	12.09	3.0	-4.3
芬兰	1.43	1.56	1.66	1.63	1.60	2.9	-1.8
葡萄牙	1.37	1.55	1.64	1.58	1.52	2.7	-3.4
法国	1.34	1.50	1.57	1.54	1.49	2.6	-3.3
卢森堡	1.16	1.29	1.38	1.33	1.28	2.5	-3.7
比利时	1.46	1.61	1.71	1.65	1.60	2.3	-3.3
瑞典	13.03	13.98	14.84	14.36	14.19	2.2	-1.2
英国	1.17	1.33	1.35	1.34	1.27	2.2	-5.1
德国	1.42	1.56	1.65	1.60	1.54	2.0	-3.8
瑞士	1.64	1.73	1.81	1.77	1.72	1.3	-2.9

资料来源：《ENERGY PRICE & TAXES, 2nd Quarter 2015》, IEA。

注 价格为含税价格。

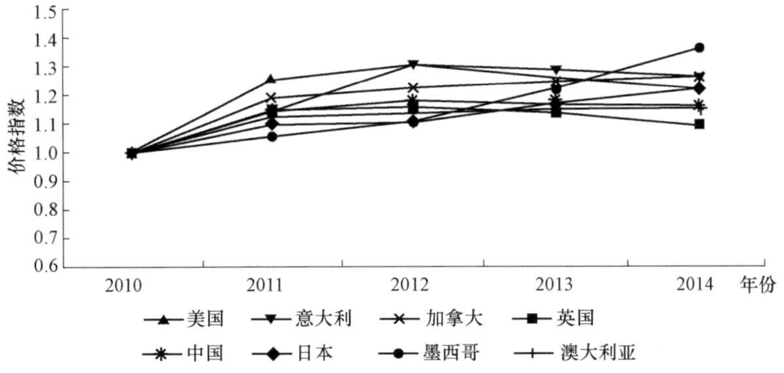

图 1-16　2010—2014 年部分国家优质无铅汽油价格变化趋势

从国际汽油价格走势看，2010—2012 年优质无铅汽油价格逐年上升，2013 年大部分国家开始下降，2010—2014 年间年均增长率在 1.3%～8.4%范围内，中国年均增长率为 3.7%，在所列的国家中排在第 16。2014 年优质无铅汽油价格与 2013 年相比，除墨西哥、智利、日本、加拿大、澳大利亚等少数几个国家上升外，其余国家均下降，下降幅度在0.2%～5.1%范围内。

（二）柴油价格国际比较

从可获得数据的国家柴油价格水平看，2014年非商业车用柴油含税价格较高的国家是英国和意大利，价格水平分别为2.20美元/L和2.14美元/L；较低的国家为美国和墨西哥，价格水平分别为1.01美元/L和0.99美元/L；中国柴油含税价格为1.15美元/L，在所列的34个国家中排在倒数第3位，处于较低水平。非商业车用柴油不含税价格水平中国为0.79美元/L，在所列的34个国家中排在倒数第1位，也处于较低水平。各国柴油的税价占全价的比例，欧洲大部分国家在45%以上，美国为14.1%，日本为29.6%，韩国为41.4%，中国为31.3%，比上年提高4.6个百分点，在所列的国家中高于墨西哥、美国、智利、新西兰、加拿大和日本。2014年部分国家非商业车用柴油含税价格、不含税价格及构成如表1-10、图1-17和图1-18所示。

表1-10　2014年部分国家非商业车用柴油含税价格、不含税价格及税价构成　美元/L

国家	不含税价格	消费税	增值税	含税价格（全价）	税价占全价比例（%）
英国	0.88	0.96	0.37	2.20	60.1
意大利	0.93	0.82	0.38	2.14	56.5
瑞典	1.01	0.67	0.42	2.10	52.1
以色列	0.94	0.82	0.32	2.08	54.6
挪威	0.96	0.70	0.42	2.08	53.9
土耳其	0.96	0.73	0.31	2.00	51.9
瑞士	0.99	0.85	0.15	1.99	50.2

续表

国家	不含税价格	消费税	增值税	含税价格（全价）	税价占全价比例（%）
芬兰	0.92	0.66	0.38	1.96	53.0
爱尔兰	0.93	0.64	0.36	1.93	51.7
丹麦	0.98	0.55	0.38	1.90	48.7
比利时	0.98	0.57	0.33	1.88	47.6
荷兰	0.90	0.64	0.32	1.86	51.9
德国	0.93	0.62	0.30	1.85	49.6
斯洛伐克	1.01	0.49	0.30	1.80	43.8
斯洛文尼亚	0.86	0.61	0.32	1.79	52.0
匈牙利	0.92	0.49	0.38	1.79	48.6
希腊	0.99	0.44	0.33	1.76	43.6
捷克	0.92	0.53	0.30	1.75	47.5
西班牙	0.94	0.49	0.30	1.73	45.7
葡萄牙	0.92	0.49	0.32	1.73	47.0
奥地利	0.89	0.54	0.29	1.72	48.2
法国	0.84	0.58	0.29	1.71	50.9
爱沙尼亚	0.88	0.52	0.28	1.68	47.7
波兰	0.88	0.46	0.31	1.65	46.7
韩国	0.91	0.50	0.14	1.55	41.4
卢森堡	0.90	0.44	0.20	1.55	41.8
澳大利亚	0.93	0.34	0.13	1.40	33.7
日本	0.94	0.33	0.07	1.34	29.6
加拿大	0.92	0.23	0.06	1.21	24.0
新西兰	1.02	0.00	0.15	1.17	13.3
智利	0.89	0.12	0.17	1.17	24.3
中国	**0.79**	**0.18**	**0.18**	**1.15**	**31.3**

续表

国家	不含税价格	消费税	增值税	含税价格（全价）	税价占全价比例（%）
美国	0.87	—	—	1.01	14.1
墨西哥	0.86	—	0.14	0.99	13.8
平均	**0.92**	**0.50**	**0.27**	**1.69**	**43.3**

资料来源：《ENERGY PRICE & TAXES，2nd Quarter 2015》，IEA。

注 增值税价格中，加拿大、新西兰为商品及服务税价格，日本为消耗税价格，美国的税价为 0.14 美元/L，分项税价未提供。

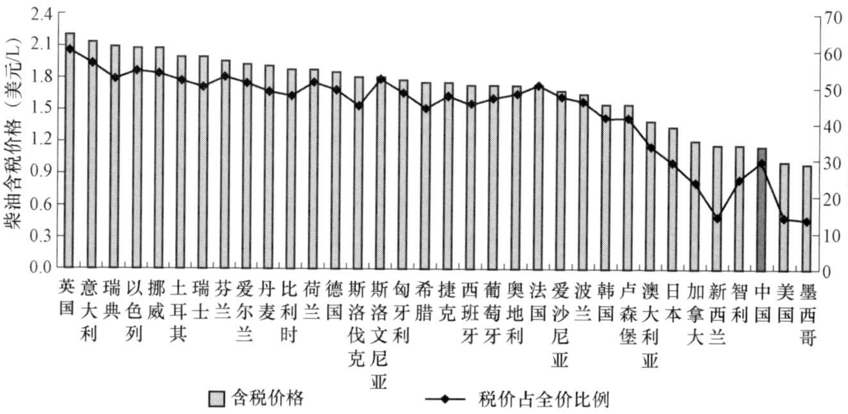

图 1-17 2014 年部分国家非商业车用柴油含税价格比较

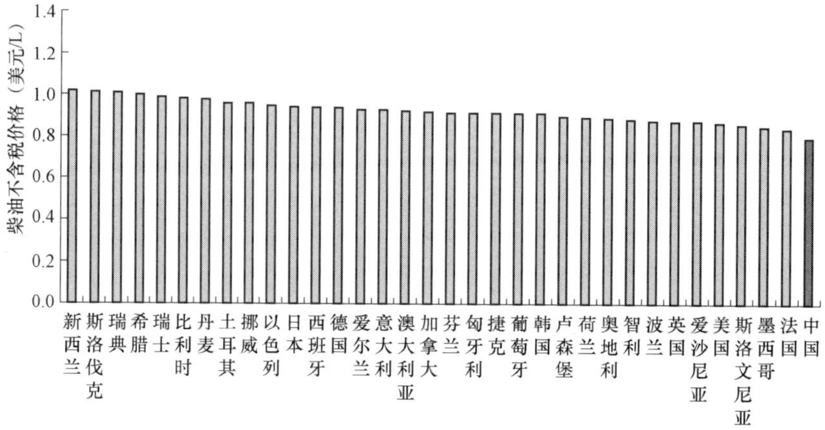

图 1-18 2014 年部分国家非商业车用柴油不含税价格比较

2010—2014年国际部分国家非商业车用柴油价格及变化趋势如表1-11和图1-19所示。

表1-11 2010—2014年部分国家非商业车用柴油价格 本币元/L

国家	2010年	2011年	2012年	2013年	2014年	年均增长率(%)	2014年同比增长(%)
墨西哥	8.54	9.50	10.52	11.74	13.21	11.5	12.6
土耳其	3.06	3.68	4.02	4.37	4.37	9.3	-0.02
智利	482.44	579.76	606.52	614.15	667.65	8.5	8.7
加拿大	1.01	1.25	1.25	1.29	1.34	7.4	4.4
意大利	1.21	1.45	1.71	1.66	1.61	7.3	-2.8
芬兰	1.13	1.37	1.54	1.51	1.48	6.9	-2.0
匈牙利	321.47	379.74	433.86	425.73	415.66	6.6	-2.4
美国	0.79	1.02	1.05	1.04	1.01	6.3	-2.4
日本	112.77	126.07	127.22	135.18	141.94	5.9	5.0
波兰	4.26	5.04	5.66	5.47	5.20	5.1	-4.9
西班牙	1.08	1.27	1.36	1.36	1.31	5.0	-3.8
澳大利亚	1.28	1.48	1.50	1.52	1.55	5.0	1.9
爱尔兰	1.20	1.41	1.55	1.52	1.45	4.8	-4.0
斯洛伐克	1.13	1.35	1.44	1.40	1.36	4.7	-3.3
荷兰	1.17	1.35	1.44	1.42	1.41	4.7	-0.9
丹麦	9.01	10.46	11.08	11.33	10.70	4.4	-5.5
捷克	30.70	34.27	36.46	36.13	36.28	4.3	0.4
新西兰	1.20	1.48	1.50	1.47	1.41	4.2	-3.9
比利时	1.20	1.44	1.53	1.48	1.42	4.2	-4.0
斯洛文尼亚	1.15	1.24	1.36	1.38	1.35	4.1	-1.9
奥地利	1.11	1.33	1.41	1.36	1.30	4.1	-4.1
卢森堡	1.00	1.17	1.26	1.22	1.17	4.0	-4.3

续表

国家	2010年	2011年	2012年	2013年	2014年	年均增长率(%)	2014年同比增长(%)
瑞典	12.47	14.01	14.71	14.55	14.39	3.6	−1.1
爱沙尼亚	1.11	1.27	1.37	1.32	1.27	3.4	−4.2
德国	1.23	1.43	1.49	1.43	1.40	3.3	−2.1
葡萄牙	1.15	1.37	1.45	1.39	1.30	3.1	−6.1
以色列	6.60	7.61	7.91	7.62	7.44	3.0	−2.4
法国	1.14	1.36	1.40	1.35	1.29	3.0	−4.5
英国	1.19	1.39	1.42	1.40	1.33	2.8	−5.1
挪威	11.76	12.69	13.22	13.16	13.10	2.7	−0.4
韩国	1501.50	1745.10	1806.10	1730.10	1637.42	2.2	−5.4
中国	**6.57**	**7.46**	**7.43**	**7.32**	**7.08**	**1.9**	**−3.3**
希腊	1.23	1.46	1.51	1.38	1.33	1.9	−3.5
瑞士	1.72	1.86	1.93	1.89	1.82	1.4	−3.9

资料来源：《ENERGY PRICE & TAXES，2nd Quarter 2015》，IEA。

注 价格为含税价格。

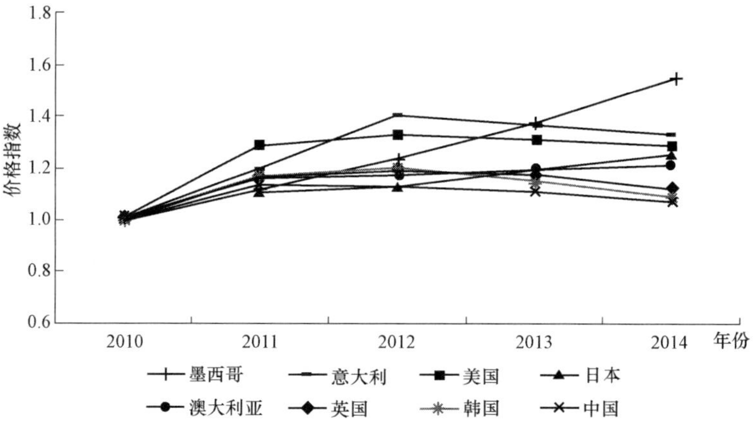

图 1-19 2010—2014 年部分国家非商业车用柴油价格变化趋势

从国际柴油价格走势看，2010—2012年非商业车用柴油价格逐年上升，2013年大部分国家开始下降，2010—2014间年均增长率在1.4%～11.5%范围内，中国年均增长率为1.9%，在所列的国家中排名倒数第三。2014年非商业车用柴油价格与2013年相比；除墨西哥、智利、日本、加拿大、澳大利亚和捷克等少数几个国家上升外，其余国家均下降，下降幅度在0.4%～6.1%范围内。

1.3.3 国际成品油与原油价格变化趋势的比较

原油占成品油成本的80%左右。目前，中国原油价格已与国际市场直接接轨，成品油价格与国际市场原油价格有控制地间接接轨，即在国际市场原油价格持续上涨或剧烈波动时，对成品油价格进行适当调控，以减轻对国内市场的影响。

2010—2014年部分国家优质无铅汽油价格、Brent原油现货价格及变化趋势如表1-12和图1-20所示。

从所选国家优质无铅汽油和布伦特原油价格走势看，2010—2014年间部分国家优质无铅汽油价格的年均增长率在2.0%～8.1%范围内，布伦特原油现货价格的年均增长率为5.6%。2010—2012年价格逐年上升，2013年开始下降。成品油价格随着国际原油价格的变化而变化，国际原油价格的上涨速度介于大部分国家成品油价格的上涨速度之间。

表1-12 部分国家优质无铅汽油价格和国际原油价格变化情况比较

类别	国家（地区）	2010年	2011年	2012年	2013年	2014年	年均增长率(%)
原油（美元/桶）	Brent	79.50	111.26	111.67	108.66	98.95	5.6
优质汽油（本币元/L）	澳大利亚	1.37	1.54	1.55	1.56	1.58	3.6
	加拿大	1.13	1.34	1.38	1.41	1.43	6.0

续表

类别	国家（地区）	2010 年	2011 年	2012 年	2013 年	2014 年	年均增长率（%）
优质汽油（本币元/L）	德国	1.42	1.56	1.65	1.60	1.54	2.0
	日本	132.96	145.79	146.93	155.96	162.90	5.2
	墨西哥	9.80	10.30	10.89	12.00	13.37	8.1
	美国	0.77	0.96	0.99	0.97	0.94	5.1
	中国	**6.67**	**7.58**	**7.89**	**7.79**	**7.73**	**3.7**

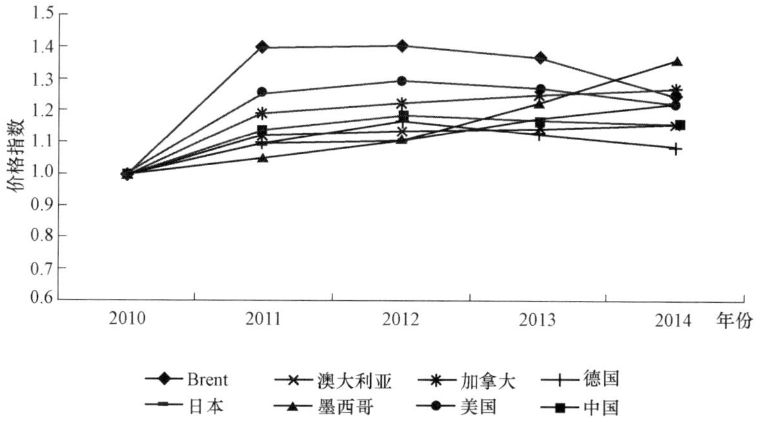

图 1-20 部分国家成品油价格与国际原油价格变化趋势

1.4 国际原油价格展望

1.4.1 2016 年国际石油市场供需形势展望

(1) 全球经济增长缓慢。2015 年，新兴市场经济增速下滑，我国经济转型、大宗商品价格下降、美国升息预期这三大因素减缓了全球经济增长，使得全球经济增长达到金融危机以来的最低水平。基于全球经济发展的悲观表现，国际货币基金组织（IMF）将 2016 年全球经济增速从 3.8%下调至 3.6%。

(2) 原油供应过剩压力依然存在。供给方面，由于 2016 年伊朗原油出口有望解禁，预计 OPEC 国家产量继续增长，非 OPEC 国家特别是美国页岩油产量有所下降；需求方面，主要消费国在 2015 年已将部分进口需求转为库存，预计 2016 年原油需求较 2015 年有较大幅度的下降。总体来看，原油供需基本面仍维持过剩格局。

1.4.2 影响 2016 年国际油价走势的主要因素

美元走势、地缘政治因素仍将是影响 2016 年国际油价走势的主要因素。

(1) 美元指数高位波动、抑制油价。在美联储加息预期以及欧洲、日本等国家和地区纷纷采取量化宽松政策的影响下，2015 年美元延续了涨势。随着美联储加息周期的开启，未来美元指数将大概率进入强势周期，对油价形成抑制。

(2) 期货市场炒作仍将对油价推波助澜。2015 年原油期货交投活跃，在纽约商品期货交易所交易的 WTI 原油主力合约和在伦敦洲际期货交易所交易的布伦特原油期货合约全年成交量比 2014 年分别增加 51%和 20%。2016 年预计原油期货交易将更加活跃，但交易者开仓操作将会更趋谨慎。

(3) 地缘政治局势将是较大的不确定因素。2016 年，对国际油价具有潜在影响的全球地缘政治焦点主要集中在以下几个方面：一是中东地区伊斯兰国（IS）势力威胁和沙特阿拉伯-伊朗争端，为油价未来走势增添极大变数；二是欧洲地区面临地缘政治挑战，乌克兰危机仍未平息，西方国家对俄罗斯采取的制裁措施，欧洲一体化进程遭受严峻考验，中东地区难民潮的冲击为欧盟国家的政局和社会稳定带来潜在威胁；三是美国将迎来新一届总统大选，对全球金融市场和大宗商品市场将产生较大影响；四是利比亚、尼日利亚等产油国目前正处于政局动荡时期，低位运行的油价将给这些国家带来潜在的地缘政治和社会经济风险，并对油价起到一定的支撑作用。

1.4.3 国际机构对2016年国际原油价格的预测

20家国际主要机构对2016年WTI油价和Brent油价的平均预测结果分别61.8美元/桶和52.5美元/桶，预测结果具体见表1-13。

表1-13 国际主要机构2016年油价预测调查结果 美元/桶

预测机构	WTI	Brent
高盛	45	50
巴克莱	56	60
德意志银行	48.8	53.5
花旗银行	48	51
穆迪	40	43
瑞士信贷	56.4	58
第一能源	72.8	53.5
加拿大皇家银行	58	62
法国兴业银行	49.4	54.4
雷蒙詹姆士金融	77	62
IHS	58	48
摩根史丹利	35	35.5
预测均值	**61.8**	**52.5**

综合全球经济形势和原油供需基本面，2016年全球经济延续缓慢增长势头，新兴国家作为原油需求增长的主要动力，其经济转型和调整仍未结束，需求增长依旧疲弱，预计2016年国际油价总体上仍保持低位。以Brent为代表的国际原油全年均价预计为45～50美元/桶，代表美国市场的WTI原油全年均价预计为42～47美元/桶。

2 天然气价格分析

2.1 天然气的生产与消费

2.1.1 世界及主要国家天然气生产量和消费量

2014 年，世界天然气产量略有上涨，增长 1.5%。从世界天然气产量分布来看，美国仍然是世界上最大的天然气生产国。2014 年，世界天然气产量为 3.46 万亿 m^3，同比增加了 518 亿 m^3，增幅为 1.5%。其中，美国天然气产量达 7283 亿 m^3，占世界总产量的 21%；产量第二位的俄罗斯天然气产量 5787 亿 m^3，占世界总产量的比重为 16.7%；我国天然气产量稳步增长，达 1345 亿 m^3，占世界总产量的比重上升到 3.9%。2010—2014 年，世界天然气总产量稳步增长，年均增长率为 2%，2014 年增幅较 2013 年增幅（0.8%）有所上升。2010—2014 年世界及主要国家天然气生产量见表 2-1。2014 年世界主要国家天然气生产量占比如图 2-1 所示，2010—2014 年世界主要国家天然气生产量变化趋势如图 2-2 所示。

表 2-1　2010—2014 年世界及主要国家天然气生产量　10 亿 m^3

国家（地区）	2010 年	2011 年	2012 年	2013 年	2014 年	年均增长率（%）	2014 年较 2013 年增长率（%）	2014 年占总量比例（%）
美国	603.6	648.5	680.5	689.1	728.3	4.8	5.7	21.0
俄罗斯	588.9	607.0	592.3	604.7	578.7	−0.4	−4.3	16.7

续表

国家（地区）	2010 年	2011 年	2012 年	2013 年	2014 年	年均增长率（%）	2014 年较 2013 年增长率（%）	2014 年占总量比例（%）
卡塔尔	126.3	161.1	170.5	176.5	177.2	8.8	0.4	5.1
伊朗	152.4	159.9	165.6	164.0	172.6	3.2	5.2	5.0
加拿大	159.9	159.7	156.0	156.1	162.0	0.3	3.8	4.7
中国	99.0	108.8	114.3	124.9	134.5	8.0	7.7	3.9
挪威	107.3	101.3	114.7	108.7	108.8	0.3	0.1	3.1
沙特阿拉伯	87.7	92.3	99.3	100.0	108.2	5.4	8.2	3.1
阿尔及利亚	80.4	82.7	81.5	81.5	83.3	0.9	2.2	2.4
印度尼西亚	85.7	81.5	77.1	72.1	73.4	−3.8	1.8	2.1
土库曼斯坦	42.4	59.5	62.3	62.3	69.3	13.1	11.2	2.0
马来西亚	62.6	62.2	61，6	67.2	66.4	1.5	−1.2	1.9
墨西哥	57.6	58.3	57.2	58.2	58.1	0.2	−0.2	1.7
阿联酋	51.3	52.3	54.3	54.6	57.8	3.0	5.9	1.7
乌兹别克斯坦	54.4	57.0	56.9	56.9	57.3	1.3	0.7	1.7
荷兰	70.5	64.2	63.9	68.7	55.8	−5.7	−18.8	1.6
澳大利亚	45.9	46.5	51.6	53.4	55.3	4.8	3.6	1.6
埃及	61.3	61.3	60.9	56.1	48.7	−5.6	−13.2	1.4
特立尼达和多巴哥	44.8	43.1	42.7	42.8	42.1	−1.5	−1.6	1.2
泰国	36.3	37.0	41.4	41.8	42.1	3.8	0.7	1.2
巴基斯坦	42.3	42.3	43.7	42.7	42.0	−0.2	−1.6	1.2
尼日利亚	37.3	40.6	43.3	36.2	38.6	0.9	6.6	1.1
英国	57.1	45.2	38.9	36.5	36.6	−10.5	0.3	1.1
阿根廷	40.1	38.8	37.7	35.5	35.4	−3.1	−0.3	1.0
世界合计	3202.6	3315.7	3380.2	3408.8	3460.6	2.0	1.5	100.0

资料来源：《BP 世界能源统计 2015》。

注　数据不包括放空燃烧或回收的天然气。

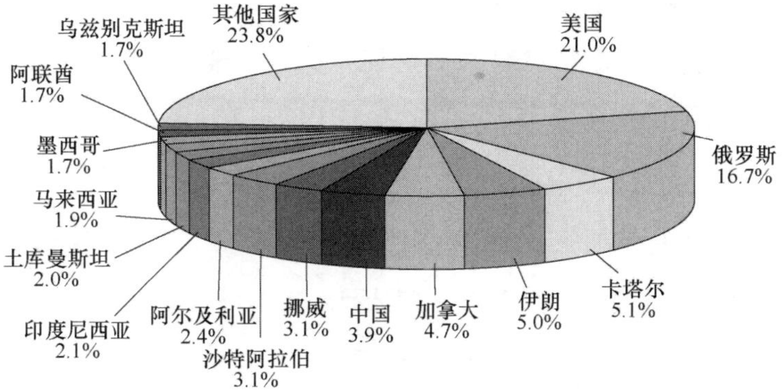

图 2-1 2014 年世界主要国家天然气生产量占比

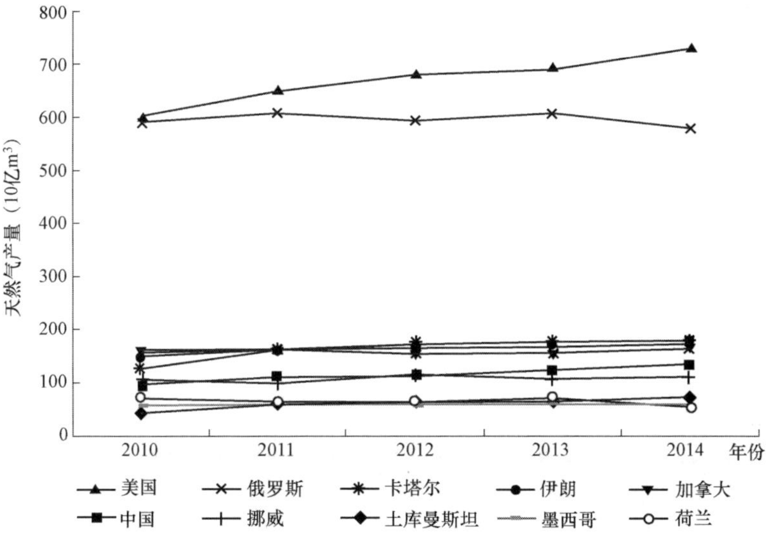

图 2-2 2010—2014 年世界主要国家天然气生产量变化趋势

2014 年世界天然气消费增长 0.4%，较 2013 年天然气消费增幅下降 0.7 个百分点。天然气消费量增速较快的是土耳其（增长 21%）。我国 2014 年天然气消费量为 1855 亿 m^3，同比增速为 8.6%。欧洲天然气消费量延续去年以来的下滑趋势，降幅为 4.8%。2010—2014 年，世界天然气消费量年均增长率为 1.5%。

从天然气消费占世界天然气总消费的比重来看，2014 年美国依然是天然气消费量最大的国家，且比重持续提高，占世界天然气消费量比重达 22.4%；其次是俄罗斯，占比为 12.1%；中国天然气消费量占世界消费量的比重为 5.5%，占比提高 0.7 个百分点。2010—2014 年世界及主要国家天然气消费量见表 2-2。2014 年世界及主要国家天然气消费量占比如图 2-3 所示。2010—2014 年世界及主要国家天然气消费变化趋势如图 2-4 所示。

表 2-2　2010—2014 年世界及主要国家天然气消费量　10 亿 m^3

国家	2010 年	2011 年	2012 年	2013 年	2014 年	年均增长率(%)	2014 年占总产量比例（%）
美国	682.1	693.1	723.2	739.9	759.4	2.7	22.4
俄罗斯	414.1	424.6	416.2	413.5	409.2	−0.3	12.1
中国	110.5	134.9	151.2	170.8	185.5	13.8	5.5
伊朗	152.9	162.4	161.5	159.4	170.2	2.7	5.0
日本	94.5	105.5	113.5	113.5	112.5	4.5	3.3
沙特阿拉伯	87.7	92.3	99.3	100.0	108.2	5.4	3.2
加拿大	95.0	100.9	100.3	103.9	104.2	2.3	3.1
墨西哥	72.5	76.6	79.9	84.7	85.8	4.3	2.5
德国	83.3	74.5	78.4	82.5	70.9	−3.9	2.1
阿联酋	60.8	63.2	65.6	66.8	69.3	3.3	2.0
英国	94.2	78.2	73.8	73.4	66.7	−8.3	2.0
意大利	76.2	71.4	68.7	64.2	56.8	−7.1	1.7
泰国	45.1	46.6	51.3	52.3	52.7	4.0	1.6
印度尼西亚	62.7	63.5	59.2	51.4	50.6	−5.2	1.5
乌兹别克斯坦	40.8	47.6	47.2	46.8	48.8	4.6	1.4
土耳其	39.0	44.7	45.3	45.6	48.6	5.7	1.4

续表

国家	2010 年	2011 年	2012 年	2013 年	2014 年	年均增长率(%)	2014 年占总产量比例（%）
埃及	45.1	49.6	52.6	51.4	48.0	1.6	1.4
韩国	43.0	46.3	50.2	52.5	47.8	2.7	1.4
阿根廷	43.3	45.7	47.0	47.7	47.2	2.2	1.4
卡塔尔	30.0	38.2	41.0	41.0	44.8	10.5	1.3
巴基斯坦	42.3	42.3	43.7	42.7	42.0	−0.2	1.2
马来西亚	34.5	34.8	35.5	40.3	41.0	4.4	1.2
巴西	26.8	26.7	31.7	37.3	39.6	10.2	1.2
乌克兰	52.2	53.7	49.6	45.6	38.4	−7.4	1.1
印度尼西亚	43.4	42.1	42.2	36.5	38.4	−3.0	1.1
阿尔及利亚	26.3	27.8	31.0	33.4	37.5	9.3	1.1
法国	46.9	40.5	42.2	42.8	35.9	−6.4	1.1
荷兰	43.6	38.1	36.4	37.0	32.1	−7.4	0.9
世界合计	3193.7	3265.3	3345.8	3381.0	3393.0	1.5	100.0

资料来源：《BP 世界能源统计 2015》。

注 数据不包括放空燃烧或回收的天然气。

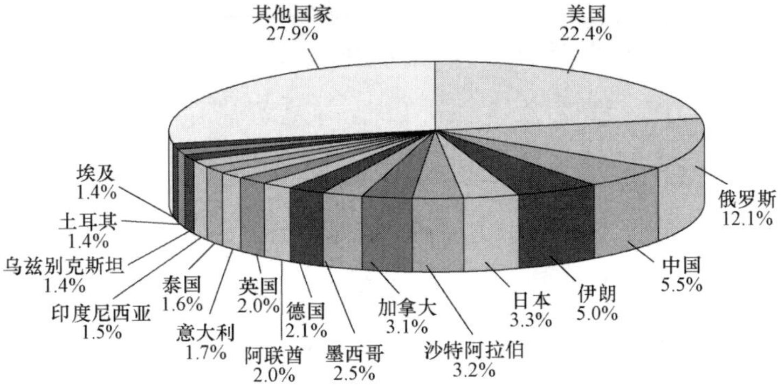

图 2-3 2014 年世界及主要国家天然气消费量占比

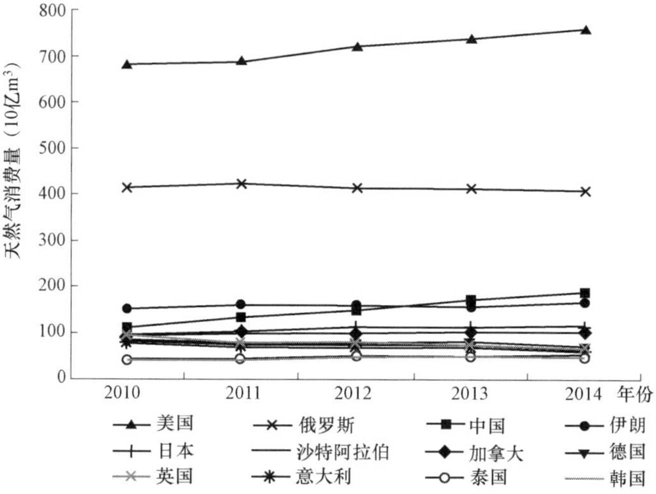

图 2-4　2010—2014 年世界及主要国家天然气消费量变化趋势

2.1.2　天然气贸易

世界天然气贸易中，管道天然气贸易量所占比重进一步提高，达 66.6%，LNG 占总贸易量比重为 33.4%。2014 年全球天然气贸易同比下降，降幅为 3.7%。其中管道天然气降幅达 6.6%，同时 LNG 贸易量呈上升态势，较 2013 年提高 2.5%。

2010—2014 年，我国天然气贸易主要为进口管道天然气和 LNG，贸易量增幅较大。**2014 年，我国国内的天然气对外依存度达到 32.2%，较 2013 年增长 3.3 个百分点**。2014 年我国累计进口天然气 584 亿 m^3，其中，管道天然气进口量占总贸易量的 53.6%，较 2013 年提高 0.8 个百分点，LNG 进口量占 46.4%。

从天然气贸易方式、区域分布的现状和发展趋势来看，以中国、日本和韩国为主的东亚、西欧和北美仍是最大的三个天然气进口市场，而中东、俄罗斯、非洲和澳洲成为天然气主要出口市场。

管道天然气贸易主要集中在欧洲和北美洲。从占比来看，2014 年管道天然气进口量占世界总管道天然气进口量的比例最高的国家是德国、美国和意大利，分别达到12.8%、11.2%和7.1%。管道天然气出口量占世界总管道天然气出口量的比例最高的国家是俄罗斯、挪威和加拿大，分别达28.2%、15.2%和11.2%。

2010—2014年，世界管道天然气进出口年均增长率为-0.5%，前四年持续增长，2014年明显下降。2010—2014年世界各国中，进口量增长较快的国家是中国和阿根廷，年均增长率分别达到81.5%和31.1%。2010—2014年出口量增长较快的国家是土库曼斯坦和玻利维亚，年均增长率分别为20.5%和8.9%。进口量占比如图2-5所示，进口量变化趋势如图2-6所示，出口量占比如图2-7所示，出口量变化趋势如图2-8所示。

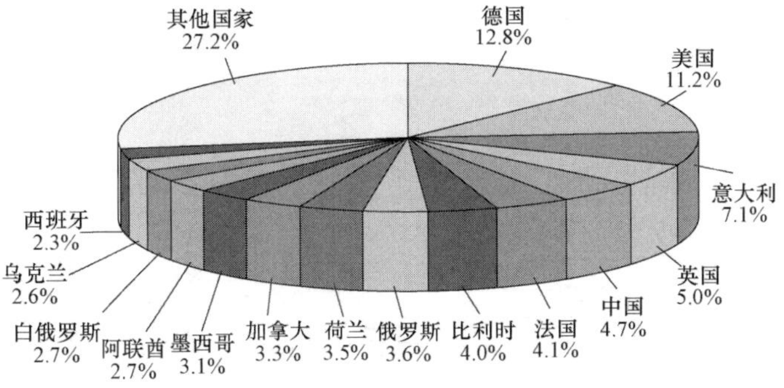

图2-5 2014年世界及主要国家管道天然气进口量占比

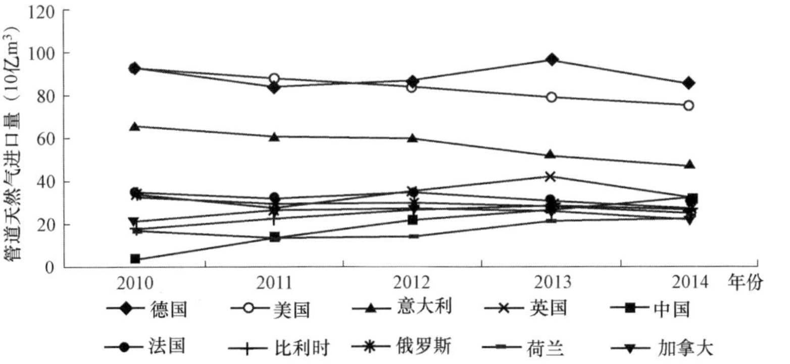

图2-6 2010—2014年世界及主要国家管道天然气进口量变化趋势

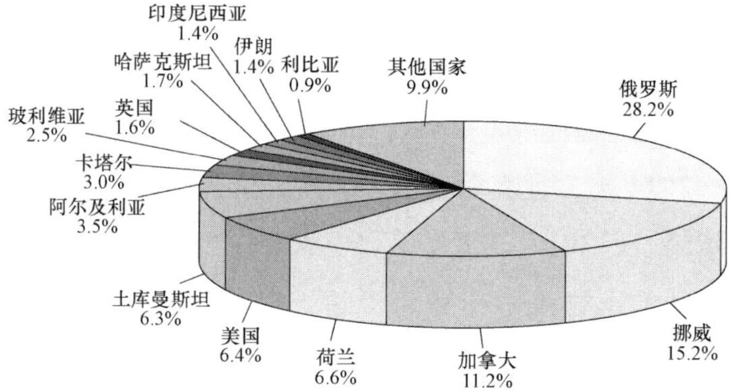

图 2-7 2014 年世界及主要国家管道天然气出口量占比

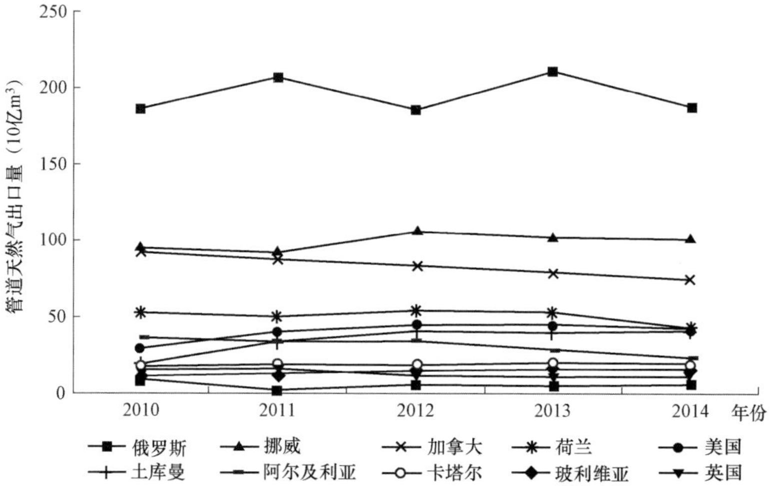

图 2-8 2010—2014 年世界及主要国家管道天然气出口量变化趋势

LNG **贸易量主要集中在亚太地区**。2014 年世界主要国家 LNG 进口量占世界总 LNG 进口量比例最高的国家是日本和韩国，达 36.2%和 15.3%，中国进口 LNG 占世界总 LNG 进口量的比例为 8.1%，较 2013 提高 0.6 个百分点。

2010—2014 年，前三年世界 LNG 进出口年均增长率为 2.9%。其中，进口量年均增长最快的国家是阿根廷和巴西。美国仍坚持以进口管道天然气为主，LNG 进口量下降较快，2014 年同比降低 37%。

2014 年 LNG 出口量占世界总 LNG 出口量比例最高的国家（地区）仍是卡塔尔和马来群岛，达 31%和 10.2%。出口量增长较快的国家是卡塔尔和澳大利亚，年均增长率分别为 8.1%和 5.7%。主要出口国家中，印度尼西亚和阿尔及利亚 LNG 出口量下降幅度较大，年均降低 8.8%和 2.7%。进口量占比如图 2-9 所示，进口量变化趋势如图 2-10 所示。出口量占比如图 2-11 所示，出口量变化趋势如图 2-12 所示。

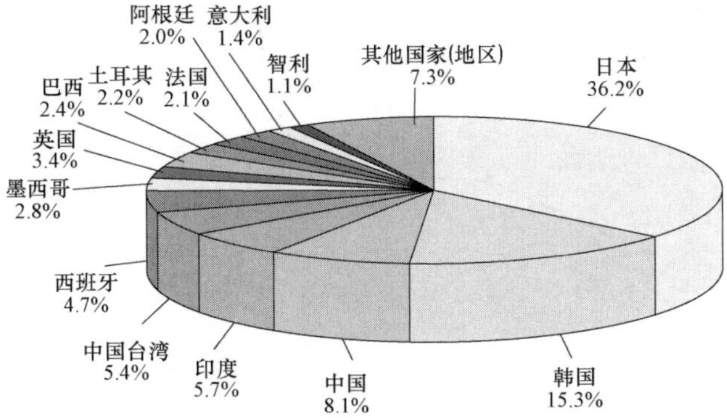

图 2-9　2014 年世界及主要国家（地区）液化天然气进口量占比

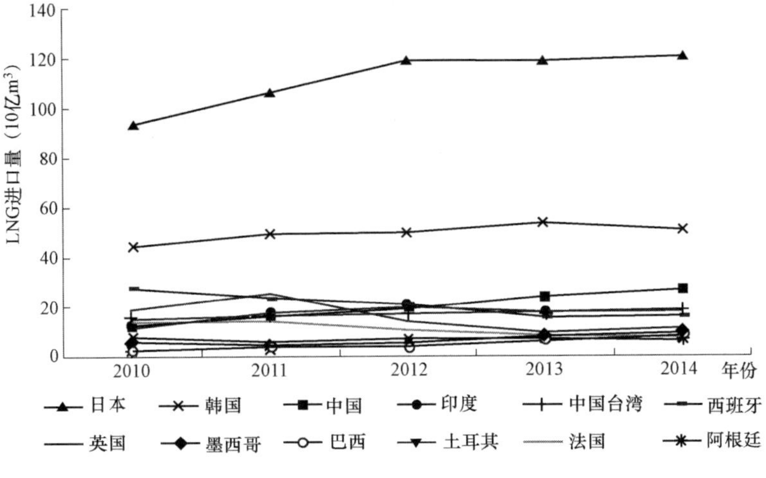

图 2-10　2010—2014 年世界及主要国家（地区）液化天然气出口量变化趋势

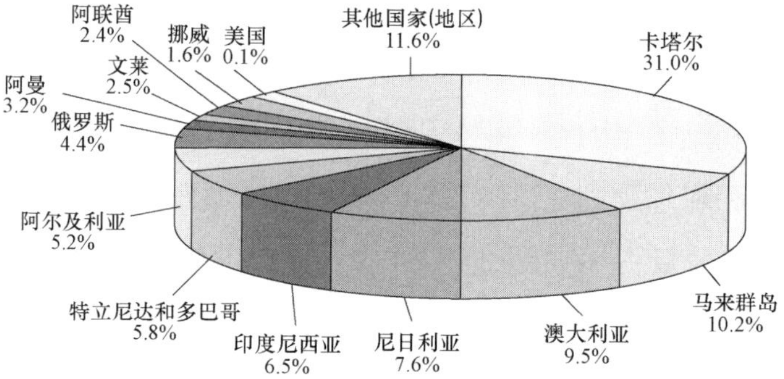

图 2-11 2014 年世界及主要国家（地区）液化天然气出口量占比

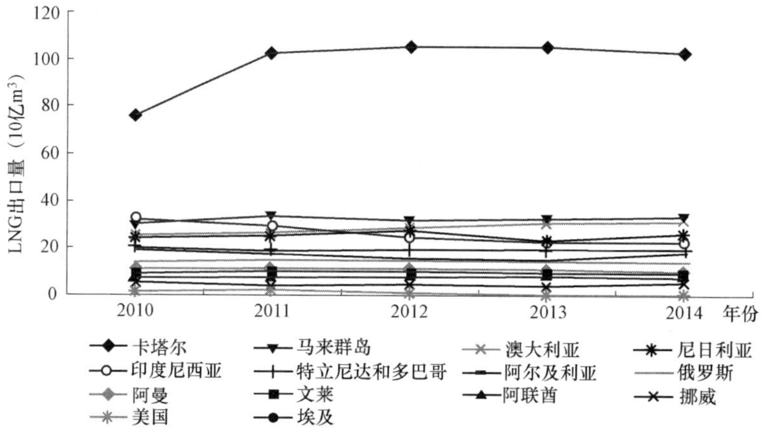

图 2-12 2010—2014 年世界及主要国家（地区）

液化天然气出口量变化趋势

2.2 国际天然气市场价格分析

全球天然气市场主要分为北美、亚太和欧洲三大市场。北美市场是高度竞争和全球最成熟的天然气市场，天然气价格完全由市场竞争形成。欧洲天然气市场正处于向竞争性市场过渡阶段，天然气价格主要采用与油价挂钩的定价机制。日本和韩国作为 LNG 进口国，LNG 进口价格与日本进口原油综合价格（JCC）挂钩，其本国市场的天然气销售价格根据 LNG 进口成本的变化定期进行调整。

2014 年，欧洲和亚洲的天然气价格整体下行。北美天然气和欧洲、亚洲天然气之间存在较大的价差。目前，美国天然气价格是欧洲的 1/2，是亚洲的 1/3～1/5。天然气市场区域化特征明显。

2.2.1 北美天然气市场

2014 年，美国天然气进口量为 763 亿 m^3，比 2014 年下降 6.5%，其中管道气进口为 746 亿 m^3，占总进口量的 97.8%，LNG 进口量为 17 亿 m^3，占总进口量的 2.2%。

2015 年美国进口天然气价格延续下行趋势。2014—2015 年美国进口天然气价格走势如表 2-3 和图 2-13 所示。

表 2-3 2014—2015 年美国进口天然气价格走势 美元/mcf

时间	天然气进口价格	进口管道天然气价格	进口 LNG 价格
2014 年 1 月	7.15	6.94	7.13
2014 年 2 月	9.11	8.91	10.99
2014 年 3 月	8.12	8.02	8.47
2014 年 4 月	5.11	4.66	17.34
2014 年 5 月	4.6	4.5	5.99
2014 年 6 月	5.32	4.52	10.48
2014 年 7 月	4.77	4.16	11.8
2014 年 8 月	3.87	3.8	6.56
2014 年 9 月	4.24	3.85	8.73
2014 年 10 月	3.87	3.69	4.63
2014 年 11 月	3.97	3.97	
2014 年 12 月	4.44	4.1	7.45
2015 年 1 月	4.75	4.01	10.9
2015 年 2 月	5.46	4.82	9.13

续表

时间	天然气进口价格	进口管道天然气价格	进口 LNG 价格
2015 年 3 月	3.9	3.16	8.1
2015 年 4 月	2.59	2.39	8.31
2015 年 5 月	2.52	2.44	6.04
2015 年 6 月	2.56	2.43	6.29
2015 年 7 月	2.66	2.44	4.53
2015 年 8 月	2.74	2.51	3.45
2015 年 9 月	2.75	2.49	6.03
2015 年 10 月	3.23	2.37	12.38
2015 年 11 月	2.4	2.19	4.2
2015 年 12 月	2.28	2.13	4.02
2015 年月均增长率	－6.45％	－5.59％	－8.67％

资料来源：IEA 统计数据。

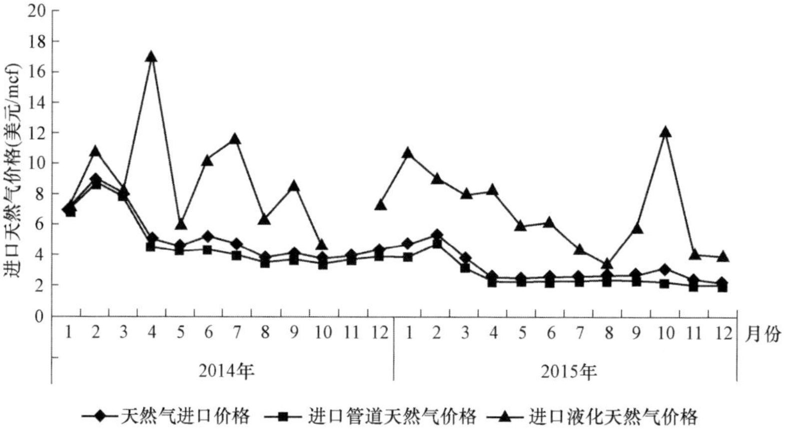

图 2-13 2014—2015 年美国进口天然气价格走势

2.2.2 亚太地区天然气市场

2015 年，日本进口 LNG 价格持续下降，月均增长率为- 3.78％。2014—2015 年日本进口印度尼西亚 LNG 价格走势如表 2-4 和图

2-14 所示。

表 2-4 2014—2015 年日本进口印度尼西亚 LNG 价格走势 美元/（10^3m^3）

时 间	价 格	时 间	价 格
2014 年 1 月	373.67	2015 年 1 月	326.12
2014 年 2 月	377.88	2015 年 2 月	309.08
2014 年 3 月	374.72	2015 年 3 月	274.57
2014 年 4 月	371.78	2015 年 4 月	231.86
2014 年 5 月	371.99	2015 年 5 月	190.20
2014 年 6 月	368.41	2015 年 6 月	184.94
2014 年 7 月	366.73	2015 年 7 月	196.09
2014 年 8 月	341.48	2015 年 8 月	213.77
2014 年 9 月	330.33	2015 年 9 月	210.61
2014 年 10 月	320.44	2015 年 10 月	218.18
2014 年 11 月	345.27	2015 年 11 月	197.78
2014 年 12 月	348.84	2015 年 12 月	213.56
2014 年月均增长率	-0.62%	2015 年月均增长率	-3.78%

资料来源：Wind 资讯。

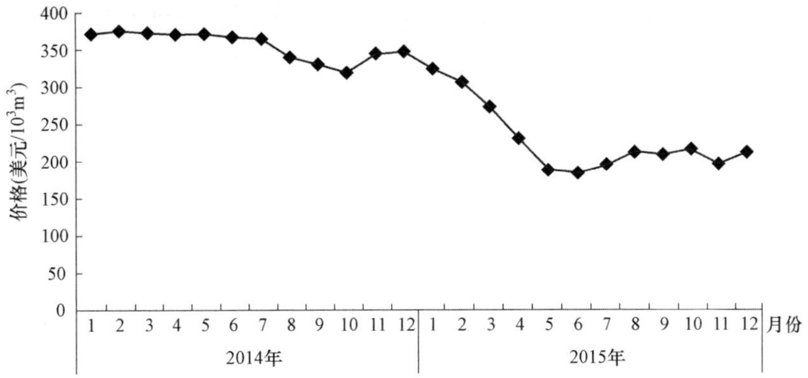

图 2-14 2014—2015 年日本进口印度尼西亚 LNG 价格走势

2.2.3 欧洲天然气市场

2015 年，俄罗斯出口德国的管道天然气价格保持下降态势，月均增长率为-4.4%。2014—2015 年俄罗斯出口德国管道天然气价格走势如表 2-5 和图 2-15 所示。

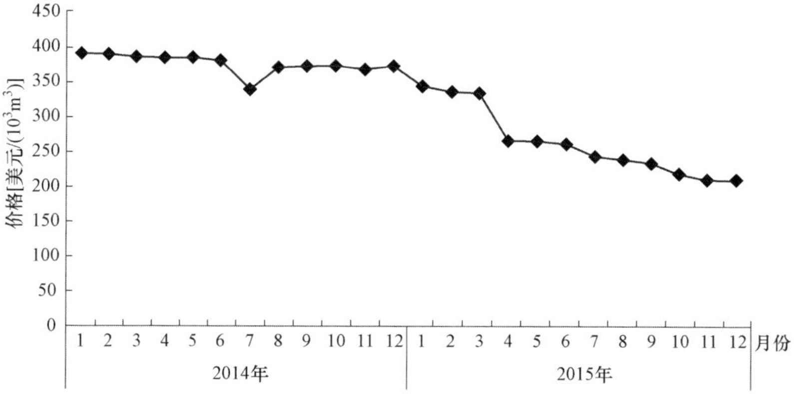

图 2-15 2014—2015 年俄罗斯出口德国管道天然气价格走势

表 2-5 2014—2015 年俄罗斯出口德国管道天然气价格走势 美元/（10^3m^3）

时 间	价 格	时 间	价 格
2014 年 1 月	392.40	2015 年 1 月	342.00
2014 年 2 月	389.88	2015 年 2 月	334.44
2014 年 3 月	384.84	2015 年 3 月	334.44
2014 年 4 月	388.44	2015 年 4 月	266.04
2014 年 5 月	383.04	2015 年 5 月	265.32
2014 年 6 月	378.72	2015 年 6 月	262.80
2014 年 7 月	338.40	2015 年 7 月	240.48
2014 年 8 月	373.68	2015 年 8 月	239.76
2014 年 9 月	374.40	2015 年 9 月	233.64
2014 年 10 月	374.40	2015 年 10 月	216.36

续表

时　　间	价　　格	时　　间	价　　格
2014 年 11 月	365.76	2015 年 11 月	211.32
2014 年 12 月	376.20	2015 年 12 月	209.16
2014 年月均增长率	－0.4％	2015 年月均增长率	－4.4％

资料来源：Wind 资讯。

2.3 工业用天然气价格分析

从可获得数据的国家和地区工业用天然气含税价格来看，价格水平较高的国家是瑞士和葡萄牙，价格分别为 75.7 美元/（MW•h）和 62.66 美元/（MW•h）；价格水平较低的国家为美国和加拿大，价格分别为 18.27 美元/（MW•h）和 17.83 美元/（MW•h）。中国工业用天然气含税价为 54.18 美元/（MW•h），在所列国家中排在第 6 位。

从工业用天然气不含税价格的比较来看，中国工业用天然气不含税价格为 47.14 美元/（MW•h），在所列国家中排在第 9 位。各国工业用天然气的税价[1]占全价的比例在 0～30％之间，中国工业用天然气征收增值税，税率为 13％。2014 年部分国家和地区工业用天然气含税价格、不含税价格及税价构成如表 2-6、图 2-16 和图 2-17 所示。

表 2-6　2014 年部分国家和地区工业用天然气含税价、不含税价及税价构成　美元/（MW•h）

国家（地区）	含税价格	消费税	增值税	不含税价格	税价占总价比例（％）
瑞士	75.70	12.44	0.00	63.26	16.4

[1] 工业用天然气税价主要包括消费税、增值税或商品及服务税等。

续表

国家（地区）	含税价格	消费税	增值税	不含税价格	税价占总价比例（%）
葡萄牙	62.66	1.50	0.00	61.15	2.4
匈牙利	59.32	1.45	0.00	57.88	2.4
希腊	59.25	7.51	0.00	51.74	12.7
斯洛文尼亚	54.23	7.01	0.00	47.22	12.9
中国	54.18		7.04	47.14	13.0
法国	51.53	2.16	0.00	49.37	4.2
爱尔兰	50.96	5.15	0.00	45.81	10.1
土耳其	50.81	1.29	7.75	41.76	17.8
捷克	50.33	1.73	0.00	48.59	3.4
爱沙尼亚	49.68	2.00	0.00	47.68	4.0
芬兰	47.98	14.37	0.00	33.63	29.9
奥地利	47.50	8.22	0.00	39.28	17.3
卢森堡	47.00	0.75	0.00	46.24	1.6
德国	46.76	5.61	0.00	41.15	12.0
波兰	46.72	0.41	0.00	46.32	0.9
西班牙	46.59	0.75	0.00	45.84	1.6
斯洛伐克	46.29	1.84	0.00	44.45	4.0
荷兰	45.27	8.00	0.00	37.27	17.7
英国	38.99	1.04	0.00	37.96	2.7
比利时	37.41	1.18	0.00	36.30	3.2
美国	18.27				0.0
加拿大	17.83	0.00	0.85	16.98	4.8
平均	**48.05**	—	—	**42.91**	—

资料来源：IEA。

注 美国分项税价未提供。

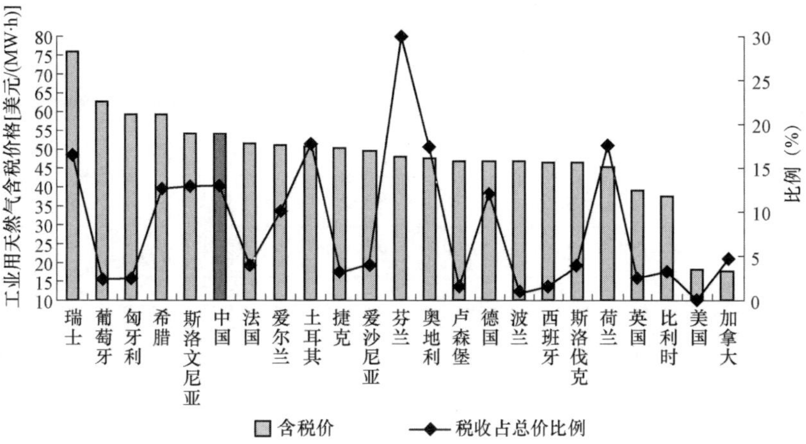

图 2-16　2014 年部分国家和地区工业用天然气含税价格比较

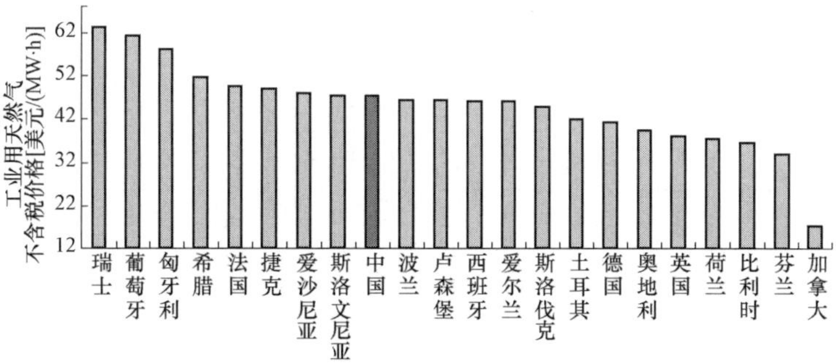

图 2-17　2014 年部分国家和地区工业用天然气不含税价格比较

从总体变化趋势上看，2010—2014 年部分国家（地区）工业用天然气价格变化趋势地区间差异较大，以加拿大和美国为代表的北美天然气市场工业用天然气价格呈逐年下降趋势，比利时、匈牙利和新西兰工业用天然气价格也略有下降，而亚太地区和欧洲市场大部分国家天然气价格呈现波动上涨趋势。2010—2014 年部分国家和地区工业用天然气价格及变化趋势如表 2-7 和图 2-18 所示。

表 2-7 2010—2014 年部分国家和地区工业用天然气价格趋势比较 本币元/（MW•h）

国家（地区）	2010 年	2011 年	2012 年	2013 年	2014 年	年均增长率（%）	2014 年同比增长（%）
土耳其	52.63	56.60	73.82	83.25	84.91	12.7	2.0
英国	16.94	22.22	24.35	26.50	25.72	11.0	−2.9
芬兰	22.81	32.56	35.72	35.85	34.61	11.0	−3.5
西班牙	25.41	27.17	34.31	34.57	33.56	7.2	−2.9
中国	21.9	23.9	24.2	26.2	28.7	7.0	9.7
爱尔兰	28.07	31.63	35.56	39.02	36.73	7.0	−5.9
爱沙尼亚	27.59	28.58	35.56	35.62	35.82	6.7	0.6
希腊	33.69	40.34	52.09	46.04	42.70	6.1	−7.3
葡萄牙	36.16	36.15	41.10	42.04	45.19	5.7	7.5
加拿大	14.22	15.29	11.92	14.14	17.72	5.7	25.3
荷兰	26.94	27.75	30.10	31.47	32.65	4.9	3.7
法国	31.53	37.12	39.85	39.10	37.18	4.2	−4.9
波兰	118.21	126.19	143.42	133.98	138.47	4.0	3.3
比利时	23.10	26.21	28.93	30.11	26.98	4.0	−10.4
卢森堡	29.27	36.04	38.68	40.38	33.86	3.7	−16.2
瑞士	59.49	64.48	67.41	67.09	67.50	3.2	0.6
美国	17.88	17.00	12.83	15.34	18.34	0.6	19.6
斯洛文尼亚	39.06	42.03	50.22	43.70	39.07	0.0	−10.6
捷克	872.58	899.29	955.67	926.30	839.12	−1.0	−9.4
斯洛伐克	34.80	36.17	40.94	38.44	33.36	−1.1	−13.2
瑞典	411.45	440.02	429.48	416.50	377.49	−2.1	−9.4

资料来源：1. 中国：2010—2014 年数据来源于国家发展改革委价格监测中心《能源市场价格行情》。
2. 其他国家：《ENERGY PRICE & TAXES，2nd Quarter 2015》。

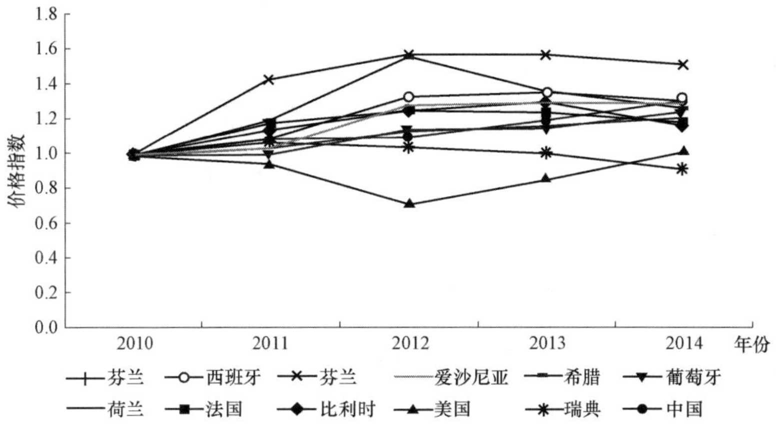

图 2-18　2010—2014 年部分国家和地区工业用天然气价格变化趋势比较

2010—2014 年，工业用天然气价格年均增长较快的国家为土耳其和英国，年均增长率分别为 12.7%和 11.0%；工业用天然气价格下降较快的国家为斯洛伐克和瑞典，年均增长率分别为-1.1%和-2.1%。中国工业用天然气价格近五年有一定的提高，年均增长达 7%。**总体来看，中国工业用天然气价格增长率在国际上处于较高水平**。

2.4 居民用天然气价格分析

从可获得数据的国家和地区居民用天然气含税价格来看，2014 年居民用天然气价格较高的国家是希腊和葡萄牙，水平分别为 146.5 美元/（MW•h）和 137.3 美元/（MW•h）；价格水平较低的国家分别为中国和美国，其价格分别为 37.5 美元/（MW•h）和 36.1 美元/（MW•h）；中国居民用天然气含税价格在所列的 26 个国家中排在第 25 位。

从居民用天然气不含税价格国际比较来看，中国居民用天然气不含税价格为 32.6 美元/（MW•h），在所列的 26 个国家中排在第 25 位。各国居民用天然气税价[1]占全价的比例在 0%～61%之间，中国居民用天然气征收增值税，税率为 13%。2014 年部分国家和地区居民用天然气含税价格、不含税价格及税价构成如表 2-8、图 2-19 和图 2-20 所示。

表 2-8　2014 年部分国家和地区居民用天然气含税价、不含税价及税价构成　美元/（MW•h）

国家（地区）	含税价格	消费税	增值税	不含税价格	税价占总价比例（%）
希腊	146.5	7.5	16.9	122.2	16.6
葡萄牙	137.3	1.5	25.7	110.1	19.8
智利	121.2	0.0	19.3	101.8	16.0
西班牙	124.6	3.3	21.6	99.7	20.0
瑞士	116.0	12.4	8.6	94.9	18.1
瑞典	162.9	40.7	32.6	89.6	45.0
爱尔兰	105.3	5.1	12.2	87.9	16.5
英国	81.2	0.0	3.9	77.3	4.8
法国	93.8	3.3	14.0	76.5	18.5
德国	99.2	7.6	15.8	75.7	23.7
捷克	90.5	0.0	15.7	74.8	17.4
奥地利	96.9	8.3	16.2	72.5	25.2
比利时	91.0	4.7	15.7	70.5	22.5
斯洛文尼亚	92.8	7.0	16.7	69.1	25.5
卢森堡	72.5	1.5	4.1	66.9	7.7
波兰	77.5	0.0	14.5	62.9	18.7

[1] 居民用天然气税价主要包括消费税、增值税或商品及服务税等。

续表

国家（地区）	含税价格	消费税	增值税	不含税价格	税价占总价比例（%）
斯洛伐克	74.2	0.0	12.4	61.8	16.7
荷兰	107.5	27.3	18.7	61.6	42.7
爱沙尼亚	67.3	2.7	11.2	53.4	20.7
土耳其	62.3	0.0	9.5	52.8	15.3
丹麦	123.7	50.3	24.7	48.8	60.6
匈牙利	56.8	0.0	12.1	44.7	21.3
加拿大	39.0	0.0	1.9	37.1	4.8
墨西哥	37.9	0.0	5.2	32.6	13.8
中国	37.5		4.9	32.6	13.0
美国	36.1				0.0
平均	**90.4**	—	—	**68.4**	—

资料来源：IEA。

注　美国分项税价未提供。

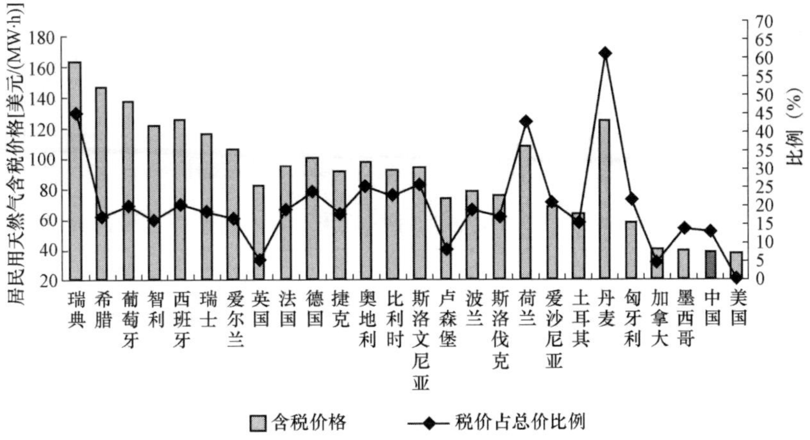

图 2-19　2014 年部分国家和地区居民用天然气含税价格比较

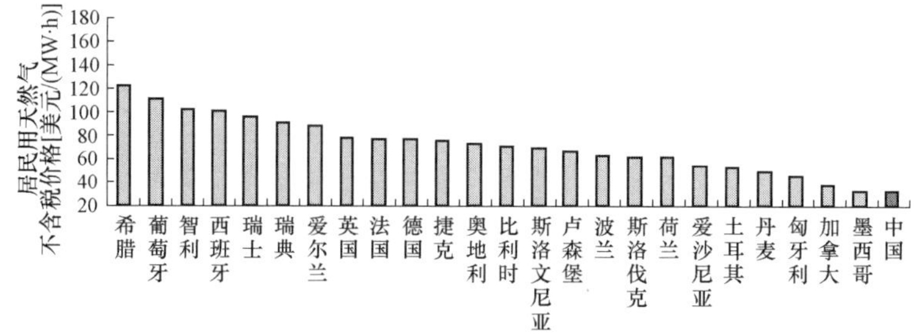

图 2-20 2014 年部分国家和地区居民用
天然气不含税价格比较

从总体变化趋势上看，2010—2014 年，大部分国家（地区）居民用天然气价格呈现上涨的趋势，而加拿大、美国、智利和墨西哥呈现下降趋势。2010—2014 年，居民用天然气价格增长较快的国家为希腊和葡萄牙，年均增长率分别为 15.3%和 10.5%；墨西哥和美国近年来居民用天然气价格下降较快，年均降幅分别为 3%和 4%。中国居民用天然气价格近五年基本保持平稳上涨态势，年均增长率为 1.9%，增速较慢。总体来看，中国居民用天然气价格增长率在国际上处于中等偏下水平。2010—2014 年部分国家和地区居民用天然气价格及变化趋势如表 2-9 和图 2-21 所示。

表 2-9　2010—2014 年部分国家和地区居民用天然气价格比较　本币元/（MW·h）

国家（地区）	2010 年	2011 年	2012 年	2013 年	2014 年	年均增长率（%）	2014 年同比增长（%）
葡萄牙	61.32	67.58	79.77	88.68	98.93	12.7	11.6
西班牙	55.92	64.31	79.46	84.31	89.86	12.6	6.6
土耳其	68.02	70.92	90.17	100.63	104.22	11.3	3.6
希腊	70.60	77.84	107.61	114.35	105.65	10.6	−7.6

续表

国家（地区）	2010年	2011年	2012年	2013年	2014年	年均增长率（%）	2014年同比增长（%）
爱尔兰	53.55	58.09	67.61	73.21	75.95	9.1	3.7
英国	41.63	42.12	45.66	47.81	53.50	6.5	11.9
爱沙尼亚	38.95	43.41	51.31	50.04	48.52	5.6	−3.0
法国	56.23	65.32	65.35	67.63	67.56	4.7	−0.1
卢森堡	43.85	52.97	58.17	59.55	52.30	4.5	−12.2
荷兰	65.16	69.76	76.97	78.27	77.54	4.4	−0.9
斯洛伐克	45.80	49.64	53.34	55.05	53.36	3.9	−3.1
比利时	56.81	68.41	71.35	66.49	65.60	3.7	−1.3
捷克	1311.42	1468.31	1715.51	1645.01	1509.63	3.6	−8.2
波兰	200.89	214.10	230.13	215.38	229.51	3.4	6.6
奥地利	61.61	67.08	70.42	70.12	69.91	3.2	−0.3
瑞士	91.33	95.52	100.41	100.72	103.36	3.1	2.6
斯洛文尼亚	62.66	71.20	76.81	68.98	66.96	1.7	−2.9
瑞典	1016.04	1063.77	1064.53	1062.78	1058.90	1.0	−0.4
中国	227.11	235.17	230.75	237.07	230.43	0.4	−2.8
加拿大	38.25	36.80	34.45	34.90	38.65	0.3	10.8
智利	59 746.79	66 804.13	60 890.15	55 550.83	58 741.14	−0.4	5.7
美国	37.03	36.02	35.38	34.08	36.18	−0.6	6.2
墨西哥	493.74	546.37	400.69	441.59	472.13	−1.1	6.9
丹麦	702.46	757.06	714.41	732.04	664.59	−1.4	−9.2

资料来源：1. 中国：2010—2014年数据来源于国家发展改革委价格监测中心《能源市场价格行情》。

2. 其他国家：《ENERGY PRICE & TAXES，2nd Quarter 2015》。

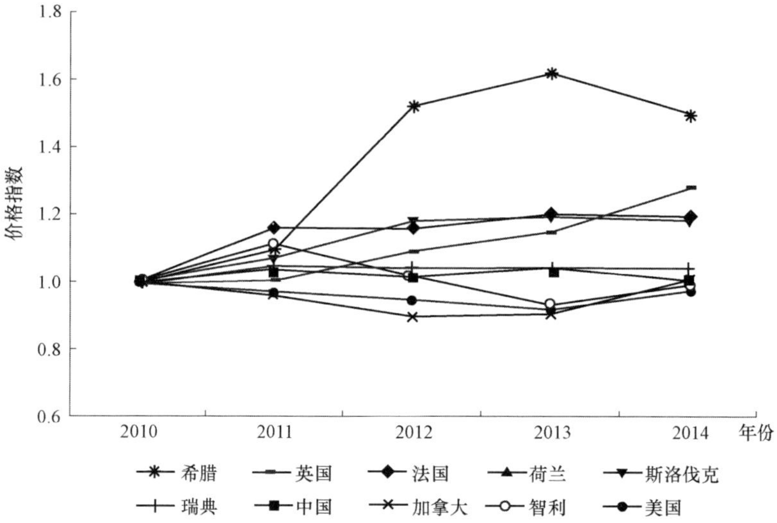

图 2-21 2010—2014 年部分国家和地区居民用天然气价格变化趋势比较

2.5 国际天然气现货价格展望

受 2015 年以来油价下跌影响，2016 年各区域市场天然气价格预计将保持整体下行，低位震荡态势。

BP 预测，2016—2035 年，由于美国页岩气和 LNG 的强劲增长，天然气将达到 1.8%的年均增速。未来五年全球 LNG 供应增长将超过 40%。到 2035 年，LNG 将超过管道天然气成为天然气贸易的主要类型，各区域的天然气价格趋向协同，而液化天然气供给的增长和区域贸易模式也将在同期发生显著转变。

美国能源署（EIA）在最新的展望报告里预测美国天然气消费将回暖，同时价格会从前两年的下降趋势回升。随着天然气消费增长，主要是工业消费的提速，2016 年美国 Henry Hub 天然气现货价格预期将从 2015 年的 1.93 美元/MMBtu 回升到 2.65 元/MMBtu，2017

年均价将回升到 3.22 美元/MMBtu。

“十二五”期间，中国国内天然气市场扩张速度由高转低。2015 年国内天然气消费增速降到低点。2016 年，中国天然气市场面临价格机制改革、新大气污染防治法、新能源冲击、破除上游垄断等一系列的机遇和挑战，由于替代能源石油和煤炭价格预期仍保持较低水平、国内经济回升乏力，天然气价格预期将保持低位运行。

3

煤炭价格分析

3.1 煤炭的生产、消费与贸易

3.1.1 煤炭的生产和消费

2014年，世界煤炭产量39.33亿t石油当量，中国煤炭产量18.45亿t石油当量，约占全球煤炭产量的46.9%，位居世界各国之首。与2013年相比，世界煤炭产量降低0.7%，中国降低2.6%。2010—2014年，世界煤炭产量年均增长2.2%，中国略高于平均水平，年均增长为2.6%。

2014年，全球煤炭消费量38.81亿t石油当量，在能源消费量中占比为30.0%，中国煤炭消费19.62亿t石油当量，占全球煤炭消费量的50.6%，在世界各国中排列第一。与2013年相比，世界煤炭消费量增长0.38%，中国增长0.06%。2010—2014年，世界煤炭消费量年均增长1.8%，中国年均增长较快，平均增长为3.0%。

3.1.2 煤炭贸易

2015年，我国全年进口煤炭20 418万t，同比下降30.0%，出口煤炭533万t，同比下降7.2%，煤炭进出口继续呈现两极分化的趋势，全年维持净进口格局，净进口煤炭19 885万t。

从进口情况看，我国煤炭进口量7月份（2126万t）最高，10月份（1396万t）最低。印度尼西亚为我国最大煤炭进口国，澳大利亚、朝鲜、俄罗斯和蒙古紧随其后，上述五国的进口量占进口总量的

95.3%，详见图 3-1 和表 3-1。

从出口情况看，我国煤炭出口量 1 月（23 万 t）最低，9 月份（73 万 t）最高。主要出口地区为韩国、日本和越南等地，详见图 3-1 和表 3-1。

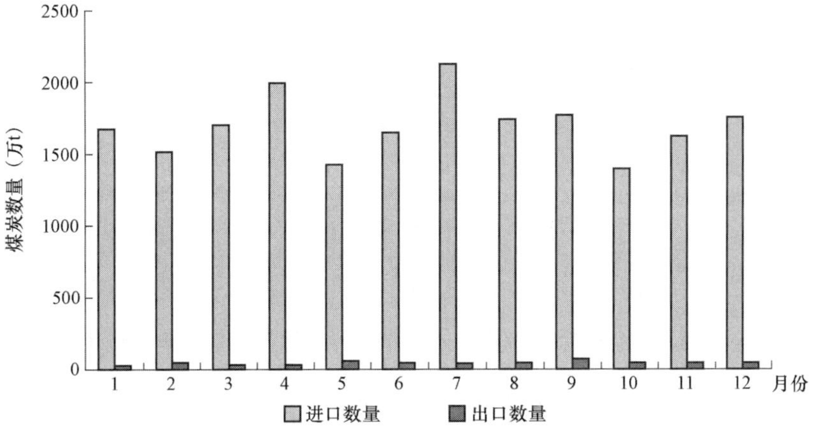

图 3-1 2015 年我国各月煤炭进出口数量

资料来源：中国煤炭市场网。

表 3-1 2015 年我国主要煤炭进出口国（地区）情况

对外进出口国家（地区）		煤炭量（万 t）	价格（美元/t）
进口	印度尼西亚	7376.2	46.0
	澳大利亚	7090.8	74.7
	朝鲜	1963.3	53.5
	俄罗斯	1579.7	66.1
	蒙古	1438.9	37.3
出口	韩国	207.0	100.3
	日本	158.7	113.0
	越南	105.1	52.4
	朝鲜	7.1	106.5
	马来西亚	1.5	85.7

资料来源：中国煤炭市场网。

3.2 国内外煤炭市场价格

3.2.1 中国国内煤炭市场价格

2015 年，我国煤炭市场受煤炭产能过剩、经济发展趋缓等因素影响，供需形势较为宽松，价格总体呈下降态势。

（一）中国市场交易煤平均价格

2014—2015 年全国市场交易煤平均价格走势如图 3-2 所示。其中，2015 年全国市场交易煤平均价格呈现明显下跌态势，全年下降 51.1 元/t。1—6 月，受国内煤炭市场供应宽松、产能过剩压力较大等影响，市场煤价连续下跌，由 1 月的 575.0 元/t 连续降至 6 月的 549.5 元/t。7—12 月，供需宽松的局面下半年没有得到缓解，受煤炭消费环比明显下降，库存仍处高位等影响，到 12 月降至 523.9 元/t。

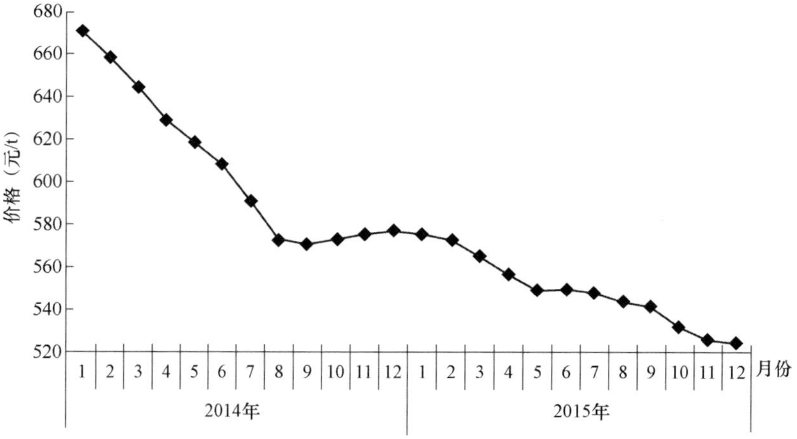

图 3-2 2014—2015 年全国市场交易煤平均价格

资料来源：中国煤炭市场网。

（二）秦皇岛动力煤价格

2015 年，我国秦皇岛动力煤价格整体走势下行。1—5 月，由于市场供需环境宽松，季节性需求减弱，价格呈现连续下跌走势；6月，由于政府前期出台的稳定煤炭市场政策陆续产生效果，煤炭价格趋稳回升；7—11月，进口煤炭规模回升，社会存煤水平处于高位，煤炭价格继续下行；进入12月，煤炭需求环比增加，市场存煤天数有所降低，价格小幅上扬。年内大同优混、山西优混、山西大混、普通混煤平仓价格分别下跌162、160、135元/t和131元/t。全年价格最低点发生在11月底，大同优混、山西优混、山西大混、普通混煤四种动力煤平仓价格较年初分别下跌172、169、143元/t和138元/t。全年价格最高点发生在1月初。典型交易日秦皇岛动力煤平仓价格走势如表3-2和图3-3所示。

表3-2 2015年部分典型交易日秦皇岛动力煤平仓价格行情

元/t

交易日	大同优混	山西优混	山西大混	普通混煤
2015年1月5日	556	520	460	414
2015年1月19日	550	510	440	400
2015年2月9日	548	498	433	398
2015年2月23日	535	485	420	385
2015年3月9日	528	478	411	378
2015年3月23日	523	464	399	369
2015年4月13日	489	434	370	334
2015年4月27日	457	415	355	312
2015年5月11日	444	404	351	310
2015年5月25日	446	405	355	310
2015年6月15日	455	405	356	311
2015年6月29日	450	400	350	305
2015年7月13日	450	398	350	305

续表

交易日	大同优混	山西优混	山西大混	普通混煤
2015 年 7 月 27 日	431	395	344	300
2015 年 8 月 17 日	426	390	342	298
2015 年 8 月 31 日	423	387	340	297
2015 年 9 月 14 日	421	385	340	297
2015 年 9 月 28 日	417	382	336	293
2015 年 10 月 12 日	415	381	335	292
2015 年 10 月 26 日	408	373	329	287
2015 年 11 月 16 日	388	354	319	278
2015 年 11 月 30 日	385	351	317	275
2015 年 12 月 14 日	389	355	320	278
2015 年 12 月 28 日	394	360	325	283

资料来源：中国煤炭市场网。

注 热值分别为大同优混（2014 年，5800kcal/kg）、山西优混（5500kcal/kg）、山西大混（5000kcal/kg）、普通混煤（4500kcal/kg）。

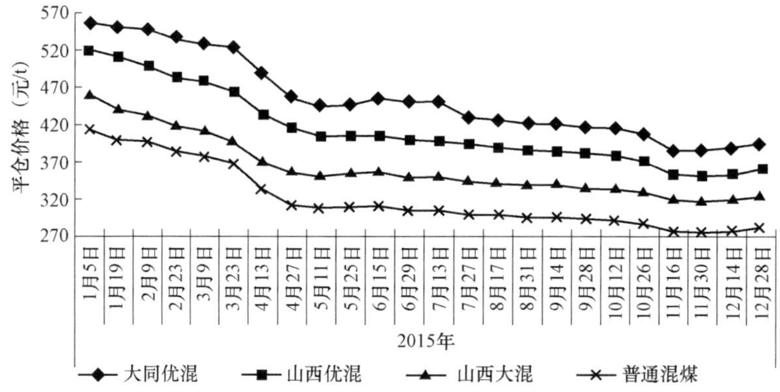

图 3-3 2015 年秦皇岛 4 种动力煤价格变动趋势

资料来源：中国煤炭市场网。

从具有代表性的 5500kcal 优质动力煤（山西优混）价格来看，

1—4 月，在市场需求低落、动力煤库存上升等影响下，价格持续下跌，由年初的 520 元/t 下降到 4 月底的 415 元/t。5—6 月，由于市场存煤水平略有下降，价格走势趋稳，维持在 405 元/t 左右。7—11 月，受经济增长乏力，煤炭供应形势明显宽松影响，煤炭价格继续下行，由 7 月初的 398 元/t 连续下跌到 11 月底的 351 元/t。12 月，由于煤炭季节性需求高峰来临，价格小幅上扬，年底上涨至 360 元/t。

（三）中国电煤价格指数水平

为全面准确反映中国电煤市场价格变化情况，2015 年 9 月 30 日，国家发展改革委价格监测中心会同秦皇岛海运煤炭交易市场、中国（太原）煤炭交易中心、陕西煤炭交易中心、内蒙古煤炭交易中心、中国煤炭资源网、百川资讯、卓创资讯、安迅思等八家机构，发布“中国电煤价格指数”。

中国电煤价格指数主要反映全国及各省电煤到厂价，发布热值为 5000kcal 代表规格品的电煤价格，监测区域覆盖全国 30 个省份（西藏除外），采价样本为各省主要燃煤发电企业、主要煤炭生产企业、主要煤炭转运港口、煤炭贸易商等 1600 多家企业。其中，分省电煤价格指数为各监测单位电煤到厂价格的加权平均值。全国综合电煤价格指数为各省电煤综合到厂价格指数的加权平均价格指数。中国电煤价格指数以 2014 年 1 月为基期，2015 年底前按月试行发布，2016 年 1 月起正式按月发布。

2014—2015 年，全国电煤价格指数对应的价格走势如图 3-4 所示。其中，2015 年由于国内煤炭市场产能过剩，以及需求疲软，导致电煤市场供需形势宽松，全国电煤价格指数水平呈明显下跌态势，由 1 月的 423.1 元/t 下行到 12 月的 329.1 元/t，全年下降 94.0 元/t。

分省看，2015 年各省电煤价格均有不同幅度下跌。其中，四川、安徽、陕西、浙江、山东、江西等省年内电煤价格降幅度较大，四川降幅最大，达 152.7 元/t；蒙东、新疆、吉林、黑龙江、青海等年内电煤价格降幅度较小，蒙东地区降幅最小，达 11.0 元/t，电煤价格指数分省变化情况如表 3-3 所示。

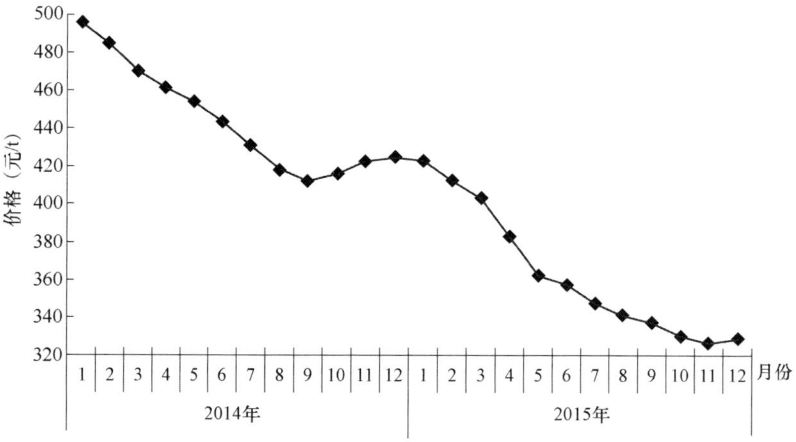

图 3-4 2014—2015 年全国电煤价格指数

资料来源：中国煤炭市场网。

表 3-3 2015 年全国及分省（区）电煤价格指数 元/t

地区	1月	2月	3月	4月	5月	6月
全国	423.1	412.3	402.9	383.1	362.6	357.2
北京	421.3	411.9	417.9	397.4	368.2	364.0
天津	423.6	410.4	403.9	375.0	348.5	337.1
冀北	389.8	364.8	353.0	337.0	318.0	304.2
冀南	387.4	368.3	360.0	329.6	310.7	309.5
山西	295.1	285.3	270.6	256.3	234.1	219.0
蒙西	234.6	230.2	223.0	220.1	203.6	199.3
蒙东	228.1	220.1	225.5	229.1	225.3	225.7
辽宁	437.9	432.6	401.0	398.6	402.2	404.7
吉林	389.5	391.0	388.7	395.0	381.6	379.0

续表

地区	1 月	2 月	3 月	4 月	5 月	6 月
黑龙江	390.4	386.9	380.7	370.5	363.8	357.2
上海	515.8	487.3	468.6	442.3	410.3	402.8
江苏	473.5	458.8	439.8	407.8	384.5	387.0
浙江	537.5	521.4	506.1	478.4	455.7	445.9
安徽	514.9	504.2	483.7	440.7	412.5	404.1
福建	479.3	464.7	477.0	454.1	429.7	418.2
江西	571.6	559.9	549.2	522.9	494.5	487.3
山东	508.4	498.9	481.3	448.4	419.1	407.6
河南	439.6	427.4	413.9	401.8	366.9	351.9
湖北	185.7	481.1	473.6	437.1	410.2	406.5
湖南	466.6	452.3	445.4	429.1	420.5	421.0
广东	475.8	456.2	457.0	444.9	447.0	450.2
广西	557.0	545.9	540.9	534.5	530.6	527.5
海南	513.4	505.6	489.2	479.4	456.9	454.2
重庆	500.4	499.6	480.5	471.8	447.8	427.0
四川	513.1	509.5	486.3	463.0	433.7	425.5
贵州	415.5	410.6	409.7	406.8	395.3	386.8
云南	478.9	468.4	448.1	459.4	418.4	412.0
陕西	407.4	390.9	377.8	344.0	330.2	320.7
甘肃	355.5	355.8	350.9	327.4	311.5	289.1
青海	442.6	441.9	433.4	424.4	412.6	414.7
宁夏	280.3	282.4	273.2	262.9	254.9	255.5
新疆	188.6	185.3	183.8	473.8	175.8	169.3
地区	7 月	8 月	9 月	10 月	11 月	12 月
全国	348.1	340.8	337.5	330.1	326.8	329.1
北京	362.1	357.0	356.2	346.4	336.2	342.3

续表

地区	7月	8月	9月	10月	11月	12月
天津	331.3	328.9	332.1	325.9	322.7	321.4
冀北	291.3	282.5	281.0	280.5	286.1	284.6
冀南	302.6	288.1	282.7	277.2	284.6	288.7
山西	216.5	215.8	210.1	210.7	211.8	210.6
蒙西	195.2	190.1	183.7	172.8	169.7	164.7
蒙东	198.6	198.6	210.5	211.5	216.5	217.1
辽宁	394.6	386.0	383.9	380.9	378.8	380.7
吉林	362.8	350.5	349.6	356.2	350.2	362.3
黑龙江	343.6	344.5	353.2	357.9	356.1	359.6
上海	405.6	408.0	412.6	409.1	414.4	415.4
江苏	387.1	378.9	374.8	367.8	362.0	363.6
浙江	440.5	436.5	440.6	422.3	407.1	404.4
安徽	397.9	394.9	397.1	383.7	373.6	376.0
福建	412.9	408.9	388.0	381.9	372.7	376.7
江西	487.5	478.1	471.7	461.8	450.5	445.4
山东	402.0	393.2	386.3	379.5	378.1	378.9
河南	346.8	337.8	334.2	332.3	337.6	343.2
湖北	397.7	393.5	387.6	380.7	372.0	366.4
湖南	439.1	433.5	425.1	414.4	404.2	398.9
广东	439.3	433.0	427.6	419.7	405.4	400.9
广西	515.8	502.4	491.6	493.9	502.4	513.3
海南	433.4	419.5	427.1	429.7	432.2	426.0
重庆	415.2	397.5	401.5	420.1	413.0	394.5
四川	402.1	381.0	369.1	364.3	372.8	360.4
贵州	366.8	345.7	344.6	352.5	345.3	340.9
云南	388.4	339.9	371.9	397.8	415.1	399.9

续表

地区	7月	8月	9月	10月	11月	12月
陕西	300.0	287.4	284.6	278.6	273.7	272.0
甘肃	286.6	289.8	283.5	280.2	270.6	263.7
青海	417.9	415.5	413.0	403.5	407.8	409.5
宁夏	250.9	244.0	238.9	232.9	230.5	232.7
新疆	167.9	170.9	173.1	168.7	168.1	171.9

资料来源：国家发展改革委价格监测中心。

3.2.2 中国进口煤炭价格

2015年，我国进口煤炭平均价格为59.2美元/t，同比下降22.7%，全年表现为波动下行态势。价格走势如图3-5所示。1—5月，国内外实体经济下行趋势明显，影响进口煤炭价格持续走低，由1月的67.8美元/t降到5月的59.5美元/t。6月份，受亚太煤炭市场价格小幅上扬影响，进口煤炭价格上涨至62.8美元/t。7—12月，由于国际原油价格持续下降，拖累国内外煤价下跌，进口煤炭价格继续下行，至12月降为50.4美元/t。

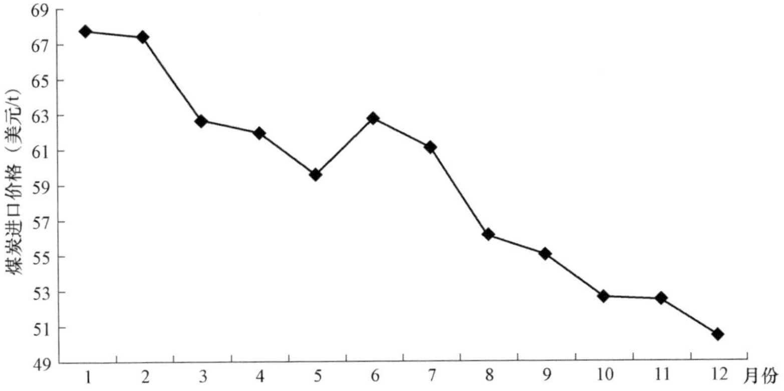

图3-5 2015年我国煤炭进口价格变动趋势

资料来源：中国煤炭市场网。

3.2.3 亚太地区煤炭市场价格

2015年，亚太地区煤炭市场价格受经济发展低迷、夏季降水增多、日本重启核电等影响，动力煤需求不足，价格整体走势下降。

以澳大利亚BJ标准动力煤现货价格为例（如图3-6所示），2015年价格波动下行，全年降幅8.7美元/t左右，具体表现如下。

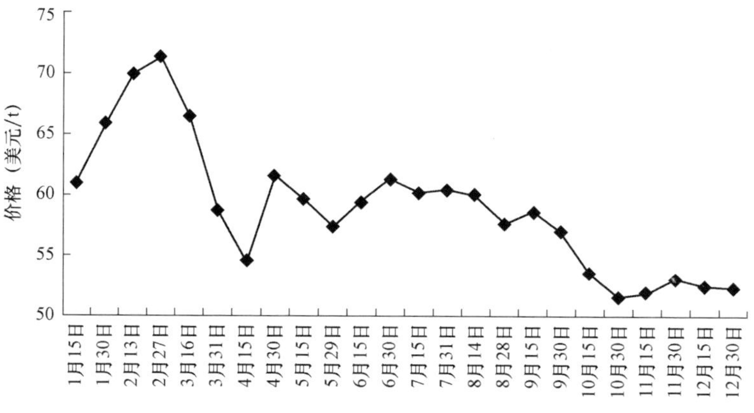

图3-6 2015年澳大利亚BJ标准动力煤价格走势

1—2月，受大宗商品价格回升、澳大利亚部分煤企限产等影响。煤价走势由1月初的61.0美元/t上涨到2月底的71.4美元/t。

3—4月，随着居民供暖需求减弱，以及日韩地区为在动力煤交易谈判中占据有利地位对价格施压，影响动力煤价格再次下调，由3月初66.5美元/t下降到4月底61.6美元/t。

5—6月，由于动力煤市场需求不足，影响5月价格下行至57.4美元/t，但到6月，居民用电需求增大，以及前期部分煤企停产限产作用显现，影响价格又上涨到61.3美元/t。

7—10月，在夏季用煤高峰季节，降水增多水电出力增大，对电煤需求下降，进入9月后，用煤高峰期已过，日本重启核电对日韩地区动力煤价格施压，影响价格持续下跌，由7月初60.2美元/t降至10月底51.5美元/t。

11—12 月，供暖耗煤增加。此外，年底年度合同谈判临近，煤炭厂商努力抬高动力煤价格，影响煤价走势 11 月升至 53.1 美元/t，12 月由于市场供大于求格局继续存在，以及国际原油价格下探，影响煤价又下行至 52.3 美元/t。

3.2.4 大西洋地区煤炭市场价格

2015 年，大西洋地区煤炭市场，主要受市场需求弱势、国际市场原油价格下探、亚太市场煤价走低，以及气候变化等因素影响，价格波动下行。

2015 年，南非理查德 RB 动力煤现货价格（如图 3-7 所示）和欧洲三港动力煤现货价格分别下降了 10.2 美元/t 和 7.9 美元/t，各月情况如下。

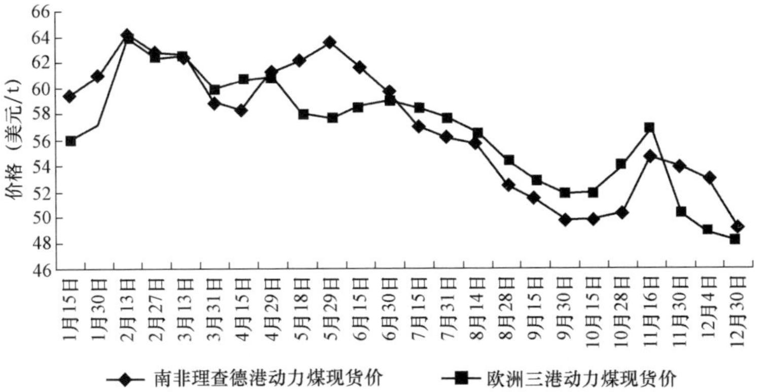

图 3-7 2015 年南非理查德 RB 动力煤现货价格走势

1—2 月，美国以及欧洲等国家及地区经济显示复苏迹象，国际市场大宗商品价格上行，提振大西洋地区煤炭动力煤价格随之有所回升，南非理查兹港动力煤现货价格由 1 月初 59.4 美元/t 波动上涨到 2 月底 62.7 美元/t，欧洲三港动力煤现货价格由 1 月初 56.0 美元/t 波动上涨到 2 月底 62.37 元/t。

3—4 月，大西洋地区动力煤市场需求进入传统淡季，同时，原油价格下跌，欧洲部分煤炭用户选择以原油替代煤炭，市场动力煤需求不旺，影响动力煤价格下调，南非理查兹港动力煤现货价格由3月初62.5美元/t波动下行到4月底61.25美元/t，欧洲三港动力煤现货价格由3月初62.6美元/t波动下降到4月底60.9美元/t。

5—6月，随着高温天气逐渐增多，居民用电需求回暖，对动力煤市场形成支撑，但进入6月，北方国家及地区降水增多，高温天气减少，用电量下调，影响煤价反弹乏力，南非理查兹港动力煤现货价格5月上涨到63.6美元/t，6月又下降到59.6美元/t；欧洲三港动力煤现货价格从5月初58.0美元/t涨到6月底59.1美元/t。

7—9月，夏季降水偏多，对电煤需求下降，加上工业经济持续低迷，煤炭市场供大于求明显，影响价格持续走低，南非理查兹港动力煤现货价格由7月初57.0美元/t降至9月底49.8美元/t；欧洲三港动力煤现货价格由7月初58.4美元/t降至9月底51.7美元/t。

10—12月，北半球气温下降，供暖耗煤增加，影响价格震荡上行，国际原油价格持续下探，对欧美动力煤市场形成挤压，影响价格下跌。综合上述影响，南非理查兹港动力煤现货价格10月至11月中旬升至54.7美元/t，12月底降至49.2美元/t；欧洲三港动力煤现货价格10月至11月中旬升至56.8美元/t，后降至12月底的48.1美元/t。

3.2.5 国内外煤炭价格及其变化趋势的比较

2015年我国环渤海煤炭标煤价格与澳大利亚BJ动力煤标煤价格对比如图3-8所示。从水平看，我国环渤海煤炭价格各月均高于澳大利亚BJ动力煤价格，月均价格高出161.4元/t。从走势看，环渤海煤炭价格除6月较5月略有上涨外，其他月均呈下降走势，12月最低；澳大利亚BJ动力煤价格11月最低，全年呈波动下降走势。年初，国内动力煤价格维持在相对高位，在1月两者形成最大价差，环渤海煤炭价格高出澳大利亚 BJ 动力煤价格 260.5 元/t，后期，国内动力煤价格下降程度较大，在 12 月形成最小价，环渤海煤炭价格高出澳大利亚 BJ 动力煤价格 119.0 元/t。

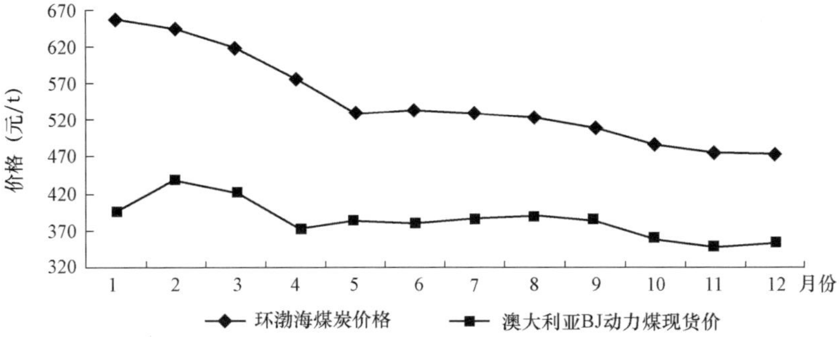

图 3-8　我国环渤海煤炭与澳大利亚 BJ 标准动力煤现货价格走势对比

上半年，环渤海煤炭价格跌至 6 月后有所抬升，澳大利亚 BJ 动力煤价格呈波动下行态势。1 月，环渤海煤炭标煤价格为 658.0 元/t，BJ 动力煤价格为 397.5 元/t，两者价差最大；后续各月价差震荡收窄，6 月环渤海煤炭标煤价格高出 BJ 动力煤价格 151.7 元/t。

下半年，环渤海煤炭价格一路下行，澳大利亚 BJ 动力煤价格波动向下。7 月环渤海煤炭标煤价格高出 BJ 动力煤价格 144.2 元/t。后续月份价差逐步收窄，12 月，环渤海煤炭价格为 472.9 元/t，BJ 动力煤价格为 353.9 元/t，两者价差达到全年最小值。

3.3　动力煤价格分析

2014 年，部分国家（地区）动力煤价格如表 3-4 和图 3-9 所示，价格水平为 79.4～272.1 美元/t，芬兰最高，其次是奥地利、葡萄牙等国，波兰、土耳其和美国较低。

2010—2014 年，部分国家（地区）动力煤价格水平如表 3-5 所示，价格指数变化如图 3-10 所示。从变化趋势看，价格增长较快的国家有芬兰、土耳其，年均增长超过 10%；瑞士价格走势下降明显，年均降幅超过 10%。

表 3-4　　2014 年部分国家（地区）动力煤价格及税价情况

美元/t

国家	不含税价格	消费税	增值税	含税价格（全价）
芬兰	96.1	176.0		272.1
奥地利	157.2	66.3		223.5
葡萄牙	175.1	5.6		180.7
英国	147.3	11.4		158.7
日本	96.9	10.3	7.7	114.9
瑞士	112.3			112.3
波兰	93.0			93.0
土耳其	76.8		13.9	90.7
美国	79.4			79.4
平均	114.9	30.0	2.4	147.3

资料来源：IEA 统计资料。

表 3-5　　2010—2014 年部分国家（地区）动力煤价格水平

本币元/t

国家（地区）	2010 年	2011 年	2012 年	2013 年	2014 年	年均增长率(%)
芬兰	127.3	226.6	218.4	203.2	205.1	12.7
土耳其	125.4	144.5	175.6	197.4	198.5	12.2
英国	76.0	93.3	93.8	101.4	96.3	6.1
葡萄牙	108.2	168.8	180.6	162.0	136.3	5.9
日本	10 610.0	12 265.0	12 015.0	10 811.0	12 163.0	3.5
美国	70.5	68.7	81.4	79.4	79.4	3.0

续表

国家（地区）	2010年	2011年	2012年	2013年	2014年	年均增长率(%)
奥地利	155.1	174.6	192.8	192.8	168.5	2.1
波兰	290.5	324.3	355.8	317.3	293.3	0.2
瑞士	162.0	178.0	143.0	114.5	102.8	-10.7

资料来源：IEA统计资料。

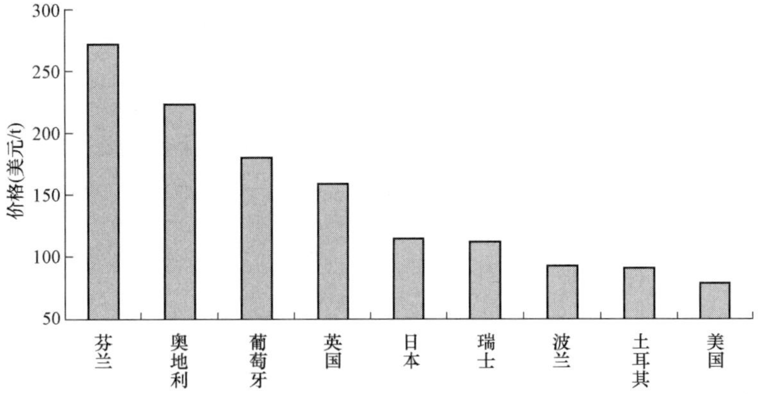

图3-9 2014年部分国家动力煤价格水平情况

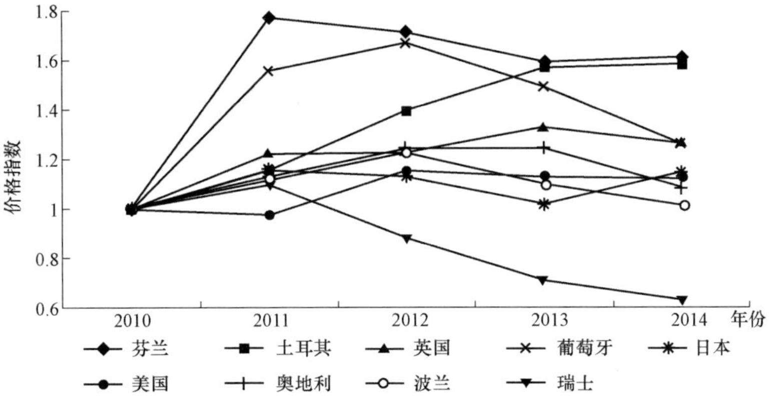

图3-10 2010—2014年部分国家（地区）

动力煤价格指数值变化趋势

3.4 发电用煤价格分析

2014年，部分国家（地区）电煤价格如表3-6和图3-11所示，不同国家间发电用煤价格差别较大。由于煤炭资源缺乏，奥地利、德国电煤价格高于100.0美元/t，其中，奥地利电煤价格最高，为137.7美元/t；土耳其由于煤炭资源储量丰富，电煤价格最低，为43.5美元/t，美国受煤炭自给能力强和天然气大规模替代煤炭发电等影响，电煤价格也较低，为53.7美元/t。中国电煤价格受市场供需形势宽松影响，水平较上一年有所下降，但依然较高，为101.3美元/t。

表3-6 2014年部分国家（地区）电煤价格及税价情况 美元/t

国家	不含税价格	消费税	增值税	含税价格（全价）
奥地利	137.7			137.7
中国	86.6		14.7	101.3
德国	100.3			100.3
芬兰	96.1			96.1
英国	91.3			91.3
智利	84.0			84.0
波兰	74.9			74.9
爱尔兰	72.6			72.6
葡萄牙	72.1			72.1
墨西哥	63.1			63.1
美国	53.7			53.7
土耳其	36.9		6.7	43.5
平均	80.8		1.8	82.6

资料来源：1. 国外：IEA统计资料。

2. 中国：基础资料来源于国家发展改革委价格监测中心，按热值5000kcal/kg将电煤价格折算为标准煤价。

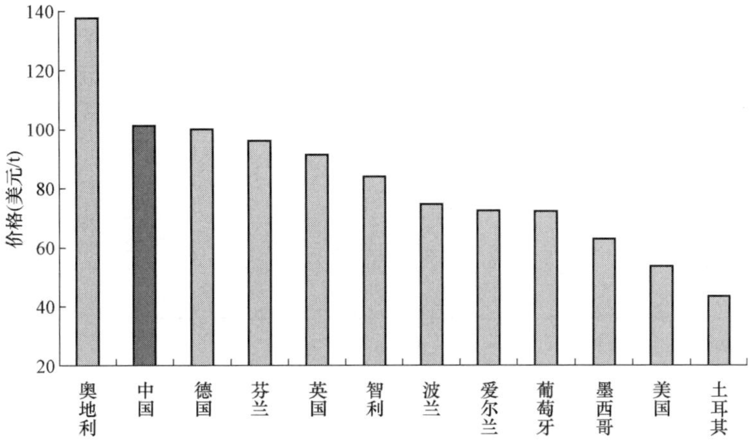

图 3-11 2014 年部分国家（地区）电煤价格水平情况图

2010—2014 年，部分国家（地区）发电用煤价格如表 3-7 所示，价格指数变化趋势如图 3-12 所示。近五年，土耳其电煤价格增长较快，年均增长超过 15%；葡萄牙、中国、德国、爱尔兰、英国和芬兰电煤价格走势下降；中国电煤价格年均下降 4.2%，较 2013 年价格同比回落 97.6 元/t。

表 3-7 2010—2014 年部分国家（地区）发电用煤价格 本币元/t

国家（地区）	2010 年	2011 年	2012 年	2013 年	2014 年	年均增长率(%)
土耳其	54.5	62.5	69.6	84.7	95.3	15.0
奥地利	82.4	92.0	100.5	101.2	103.8	6.0
墨西哥	689.3	697.8	748.7	777.2	839.9	5.1
智利	42 646	51 657.0	46 817.0	44 485.0	47 928.0	3.0
美国	51.8	55.1	55.0	53.7	53.7	0.9
波兰	236.7	251.4	270.4	245.5	236.3	0.0
芬兰	76.8	98.5	90.3	71.5	72.4	－1.5
英国	62.3	80.1	66.3	61.6	55.4	－2.9

续表

国家（地区）	2010年	2011年	2012年	2013年	2014年	年均增长率(%)
爱尔兰	62.9	90.2	68.6	61.5	54.7	-3.4
德国	88.9	110.1	98.4	82.0	75.6	-4.0
中国	738.6	852.4	811.0	720.0	622.5	-4.2
葡萄牙	66.6	81.5	70.2	58.9	54.4	-5.0

资料来源：1. 国外：IEA统计资料。
2. 中国：2010—2014年基础资料来源于中国煤炭工业协会和国家发展改革委价格监测中心，按原煤热值5000kcal/kg将电煤价格折算为标煤价。

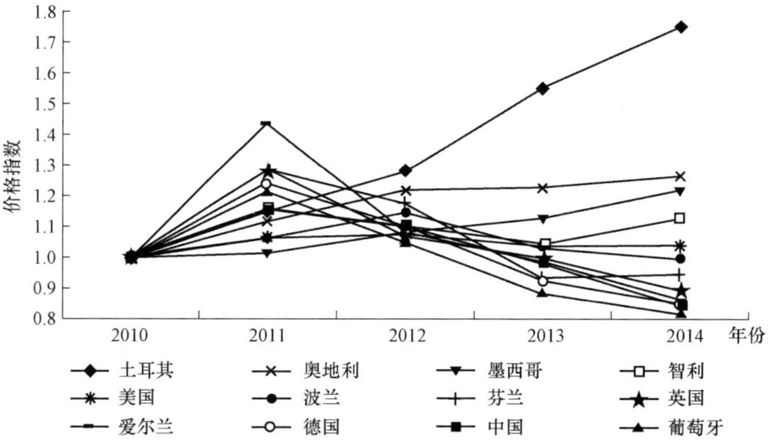

图3-12 2010—2014年部分国家（地区）电煤价格变化趋势

3.5 煤炭价格展望

2016年，一方面，世界经济进入温和复苏阶段，全球货币政策总体宽松，部分国家煤炭企业持续实施限产措施，国际原油等大宗商品价格逐步企稳等，将对稳定国际煤价具有积极作用；但另一方面，经济复苏中还存在不确定、不稳定的环境因素，欧盟等国家持续加大可再生能源利用，中国煤炭进口需求放缓等，将对国际煤炭价格产生下行影响，综合以上因素看，在目前国际动力煤炭价格低位下，受世界动力煤市场需求小幅回升影响，预计年内国际煤炭市场价格将为小幅震荡调整走势。上半年，国际煤炭供需环境宽松，但受成本因素制约，煤炭价格以平稳波动为主；下半年，在经济趋向回暖、资金流动宽松以及季节性用煤因素影响下，动力煤价格将波动上行，预计可在年初价格 20%的范围内波动反弹。

国内，随着经济逐步企稳，煤炭行业“去产能”和限产等政策的持续实施，将缓解我国煤炭供需严重失衡的矛盾，但年内煤炭行业产能过剩依然存在、以及新能源对煤炭的进一步替代等，将在一定程度上抑制煤价反弹。全年看，国内煤炭价格将形成小幅波动上行走势，预计 5500kcal 的环渤海动力煤价格，上半年在经济基本面向好影响下，价格将调整上行到 400 元/t 左右，下半年在石油等国际大宗商品价格企稳、资金流动性宽松，以及煤炭季节性需求扩大等影响下，价格将反弹上涨至 460 元/t 左右。

4 电力价格分析

4.1 电力生产与消费

2014 年，美国、中国、俄罗斯、日本等全球前十的国家[1]合计发电量为 13.4 万亿 kW·h。其中，中国、美国占比分别为 38%、28%，其他国家或地区的占比均不超过 10%。各国发电量占比如图 4-1 所示。

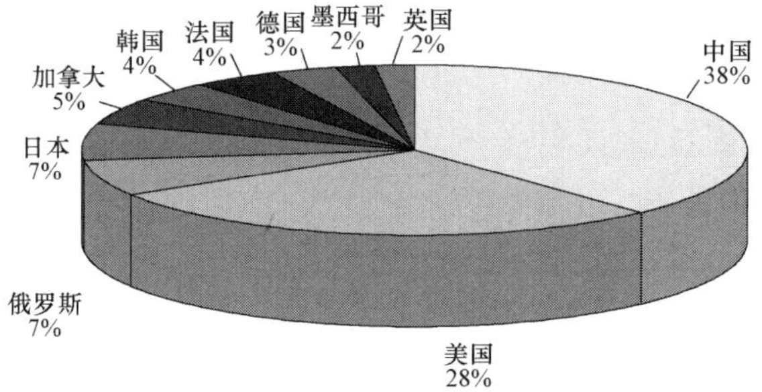

图 4-1 2014 年部分国家电力生产占比情况

资料来源：EIA。

2014 年，上述国家发电量同比几乎全部下降。2010—2014 年，各国发电量走势如图 4-2 所示，除中国的发电量出现较明显增长（年均增长为 6.6%），其他国家发电量年均上涨不超过 2%或下降。

电力消费量位居前十的仍然是上述国家，各国占比如图 4-3 所示。2010—2014 年，各国电力消费走势如图 4-4 所示，各国电力消费量变化趋势与发电量大致相同。

---

[1] 对美国、中国、日本、俄罗斯等发电量为全球前十的国家进行分析，文中涉及的占比是指各个国家发电量在前十国家总计发电量中的占比。后电力消费量与此类同。

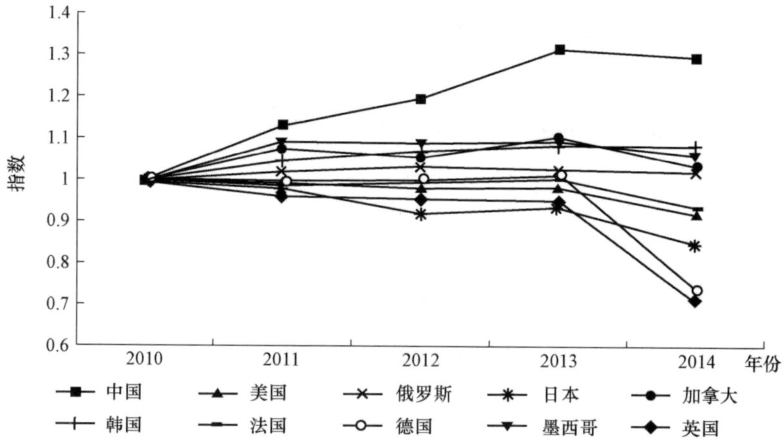

图 4-2 部分国家（地区）发电量近年走势比较

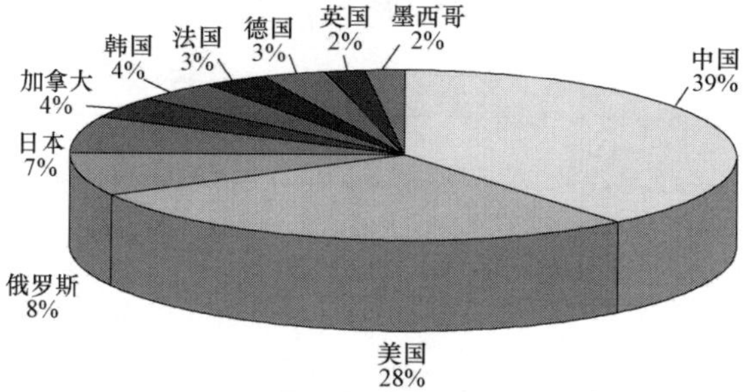

图 4-3 2014 年部分国家电力消费占比情况

资料来源：EIA。

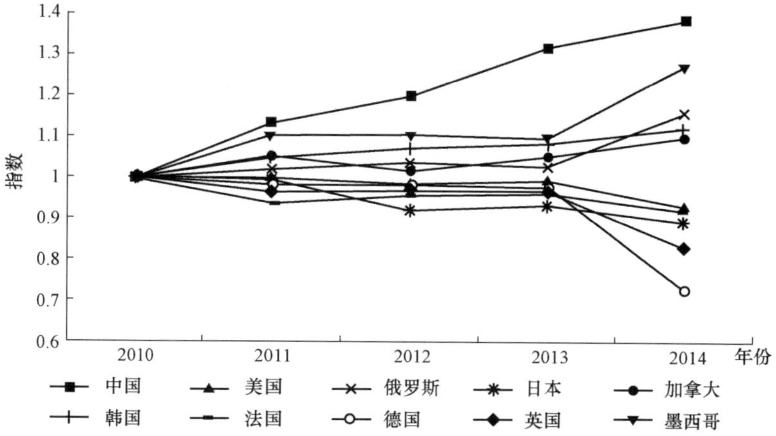

图 4-4 部分国家（地区）用电量近年走势比较

4.2 上网电价分析

4.2.1 上网电价水平分析

（一）上网电价总水平

2014 年，世界部分国家（地区）的上网电价（或批发电价）为 0.031～0.087 美元/（kW•h），其水平比较如表 4-1 和图 4-5 所示。北欧、美国、澳大利亚、中国、韩国相比较，中国上网电价居中，为 0.067 美元/（kW•h）。

表 4-1　2014 年部分国家（地区）上网电价（或批发电价）比较　美元/（kW•h）

国家（地区）	地区（公司）	2014 年
德国		0.046
比利时		0.057
法国		0.048
北欧电力市场现货价格		0.041
瑞典		0.044
芬兰		0.050
丹麦	西部地区	0.043
	东部地区	0.045
挪威	奥斯陆	0.038
	克里斯蒂安桑	0.038
	卑尔根	0.038
	莫尔德 & 特隆赫姆	0.044
	特罗姆瑟	0.044
澳大利亚	新南威尔士	0.036
	昆士兰	0.054
	南澳	0.041

续表

国家（地区）	地区（公司）	2014 年
澳大利亚	塔斯马尼亚	0.038
	维多利亚	0.031
	澳大利亚平均	0.040
美国		0.072
中国		**0.067**
韩国		0.087
各国平均		**0.049**

资料来源：1. 美国：Energy Information Administration。
2. 韩国：《韩国电力》。
3. 欧洲：http：//www. nordpoolspot. com。
4. 澳大利亚：http：//www. nemmco. com. au。
5. 中国：国家能源局。

注 美国为电力重组改革后发电企业的售电均价。

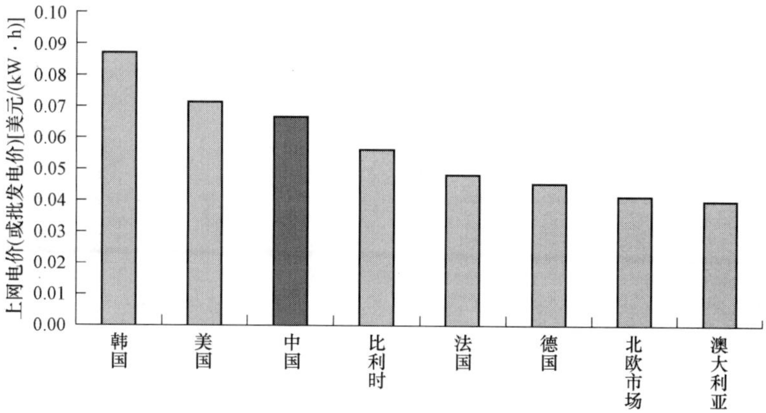

图 4-5 2014 年部分国家（地区）上网电价（或批发电价）比较

（二）分类电源上网电价水平

部分国家的燃煤电厂发电价格如表 4-2 所示。我国煤电价格（燃煤机组含脱硫、脱硝、除尘加价的标杆电价）为 0.042～0.072 美元/（kW•h），低于英国、美国、德国、韩国。

表 4-2　　部分国家燃煤电厂发电价格　　美元/（kW·h）

国家	价格	国家	价格
英国	0.098～0.17	韩国	0.087
美国	0.0951～0.144	南非	0.09
德国	0.084～0.13	**中国**	**0.042～0.072**

资料来源：1. 美国：Levelized Cost of New Generation Resources in the Annual Energy Outlook 2015，EIA。
2. 韩国：《韩国电力》。
3. 英国：Electricity Generation costs report 2013，DECC。
4. 南非：Global Wind 2014Report，GWEC。
5. 德国：Levelized cost of electricity renewable energy technologies. FRAUNHOFER. 2013. Retrieved6 May 2014。

部分国家的风电电价如表 4-3 所示。我国陆上风电实行分资源区标杆电价，第Ⅰ、Ⅱ、Ⅲ、Ⅳ类资源区价格分别为 0.47、0.5、0.54、0.6 元/（kW·h），均不到 0.1 美元/（kW·h），与法国、丹麦的风电固定上网电价、美国风电价格大致相当，低于日本、德国的风电固定上网电价和韩国风电价格。

表 4-3　　部分国家（地区）风电电价水平　　美元/（kW·h）

国家（地区）	风电价格
日本	陆地风电 0.185，海上风电 0.3
美国	0.073
巴西	0.048
南非	0.055
加拿大	0.05
智利	0.08
丹麦	0.087
法国	0.092

续表

国家（地区）	风电价格
德国	陆地风电五年内 0.1、五年后不低于 0.055；海上风电八年内 0.217，或十二年内 0.172，期满后不低于 0.044
中国	0.076、0.08、0.087、0.097
韩国	0.139

资料来源：1. 巴西、加拿大、南非、日本、智利、丹麦、法国、德国：Global Wind 2014Report，GWEC。
2. 美国：Levelized Cost of New Generation Resources in the Annual Energy Outlook 2015，EIA。
3. 韩国：韩国电力公司。

部分国家的光伏发电固定上网电价如表 4－4 所示。我国光伏发电执行三类资源区标杆价，价格分别为 0.8、0.88、0.98 元/（kW·h），折合成美元为 0.13、0.14、0.16 元/（kW·h），低于大部分国家/地区的光伏发电固定上网电价。

表 4－4　部分国家（地区）光伏发电固定上网电价水平　美元/（kW·h）

国家（地区）		屋顶光伏发电	地面光伏发电	建筑一体化光伏发电	执行年限
澳大利亚	新南威尔士州	<10kW，0.6103	<10kW，0.6103		7
	南澳大利亚州		<30kW，0.5967		20
	维多利亚州	<5kW，0.6103	<5kW，0.6103		15
阿尔及利亚		0.6836			
阿根廷		<30MW 以下，0.2162	<30MW 以下，0.2162	<30MW 以下，0.2162	15
南非		0.166	0.24	0.166	20

续表

国家（地区）		屋顶光伏发电	地面光伏发电	建筑一体化光伏发电	执行年限
西班牙		＜20kW，0.3608	0.1655	＜20kW，0.3838	25
		＞20kW，0.2618		＞20kW，0.2618	
美国	夏威夷州	20～500kW，0.13	500kW～5MW，1.01		20
		500kW～5MW，1.01			
	加利福尼亚州	＜1MW，0.12			10
		＜1MW，0.12			15
		＜1MW，0.13			20
	佛罗里达州（盖恩斯维尔）	＜10kW，0.45	＜10kW，0.43	＜10kW，0.43	20
		10～300kW，0.39	10～25kW，0.39	10～300kW，0.39	
		300kW～1MW，0.32	25kW～1MW，0.32	300kW～1MW，0.32	
	罗得岛州	＜30kW，0.45	＜30kW，0.45	＜30kW，0.49	20
	华盛顿州	＜30kW，0.45		＜30kW，0.49	20
		30～100kW，0.44		30～100kW，0.48	
		＞100kW，0.43		＞100kW，0.47	

资料来源：http：//www.pv-tech.cn/tariff/list。

4.2.2 上网电价变化趋势分析

2010—2014 年，部分国家（地区）近年的上网电价（或批发电价）变化趋势如表 4-5 和图 4-6 所示，不同国家（地区）间差异较大。

2014年，欧洲部分国家、美国、澳大利亚、中国相比较，挪威、丹麦等北欧国家、澳大利亚市场批发价格较大幅度下降，美国、中国、韩国上网电价上升。

2010—2014年，中国上网电价以较慢速度平稳增长；韩国、澳大利亚上网电价增长较高；挪威、丹麦等北欧国家市场批发价格较大幅度下降；美国上网价格小幅下降。

中、美都是以火电为主的电源结构，上网电价主要受设备造价和燃料成本影响。2010—2013年间，美国由于页岩气大规模开发、天然气价格下降等原因，发电燃料价格大幅下降，上网电价下降，2014年各地天然气价格因第一季度极端寒冷的天气而普遍增长幅度较大，上网电价受此影响较2013年上涨。2010—2013年间，我国煤炭价格前两年大涨，后两年略有回落，上网电价同样先涨后降，但由于煤电联动时政府将部分煤价降价空间用于调整销售侧政府性基金及附加，上网电价的波动小于煤价，涨跌滞后于煤价。2014年，受政府启动煤电联动下调煤电价，水电大发影响平均上网电价下跌，一些地区燃气电价上涨，以及购电结构变化等多重因素影响，平均上网电价比上年略有增长。北欧，受到化石燃料成本下降、用电需求降低、可再生能源出力增加以及统一电力市场建设等因素影响，批发电价近年总体呈现下降趋势。

表4-5　2010—2014年部分国家（地区）上网电价（或批发电价）情况　本币元/（kW·h）

国家	地区（公司）	2010年	2011年	2012年	2013年	2014年	年均增长率（%）	2014年同比增长（%）
德国		0.044	0.051	0.043	0.038	0.033	－4.0	－13.3

续表

国家	地区（公司）	2010年	2011年	2012年	2013年	2014年	年均增长率（%）	2014年同比增长（%）
比利时		0.046	0.049	0.047	0.047	0.041	0.6	−14.0
法国		0.048	0.049	0.047	0.043	0.035	−2.3	−19.9
北欧电力市场现货价格		0.053	0.047	0.031	0.038	0.030	−13.6	−22.3
瑞典		0.057	—	0.033	0.039	0.032	−13.6	−19.9
芬兰		0.057	0.049	0.037	0.041	0.036	−10.7	−12.5
丹麦	西部地区	0.046	0.048	0.036	0.039	0.031	−9.9	−21.3
	东部地区	0.057	0.049	0.038	0.040	0.032	−13.3	−18.8
挪威	奥斯陆	0.054	0.046	0.030	0.038	0.027	−15.8	−27.2
	克里斯蒂安桑	0.051	0.046	0.029	0.037	0.027	−14.4	−27.1
	卑尔根	0.052	0.046	0.029	0.038	0.027	−14.9	−27.8
	莫尔德&特隆赫姆	0.058	0.047	0.031	0.039	0.032	−14.1	−19.0
	特罗姆瑟	0.057	0.047	0.031	0.039	0.031	−13.9	−18.5
澳大利亚	新南威尔士	0.037	0.030	0.055	0.052	0.035	−1.1	−32.7
	昆士兰	0.031	0.029	0.067	0.058	0.053	14.1	−10.1
	南澳	0.033	0.030	0.070	0.062	0.039	4.8	−36.3
	塔斯马尼亚	0.029	0.033	0.048	0.042	0.037	6.0	−11.5
	维多利亚	0.027	0.027	0.057	0.051	0.030	2.9	−41.1
	澳大利亚平均	0.031	0.030	0.060	0.053	0.039	5.5	−26.8
美国		0.077	0.072	0.065	0.065	0.072	−1.8	10.3

续表

国家	地区（公司）	2010年	2011年	2012年	2013年	2014年	年均增长率（%）	2014年同比增长（%）
中国		0.385	0.397	0.424	0.413	0.416	2.0	0.5
韩国		75.83	82.54	93.75	91.6	93.7	6.5	2.3

资料来源：1. 美国：Energy Information Administration。
2. 韩国：《韩国电力》。
3. 欧洲：http：//www.nordpoolspot.com。
4. 澳大利亚：http：//www.nemmco.com.au。
5. 中国：国家能源局。

注 美国为电力重组改革后发电企业的售电均价。

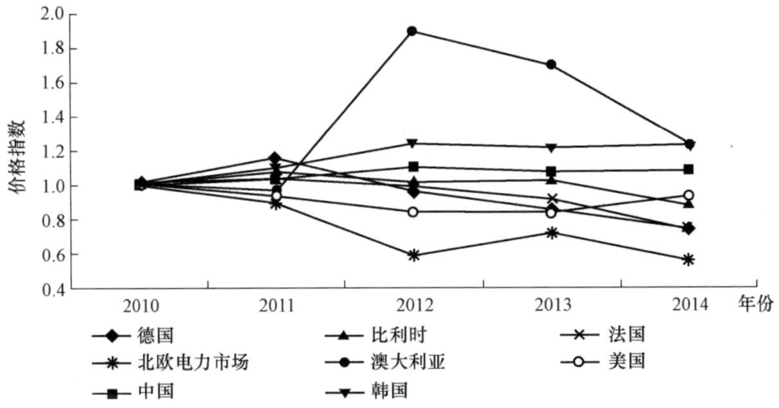

图 4-6 2010—2014 年部分国家（地区）上网电价（或批发电价）走势比较

4.3 输配电价分析

2014 年，美国、中国、法国、德国等国家（地区）输配电价水平为 0.024～0.117 美元/（kW·h），中国处于较低位置。各国输配电价水平比较如表 4-6 和图 4-7 所示。

表 4-6　　2014 年部分国家（地区）输配电价水平比较　　美元/（kW·h）

国家	2014 年	国家	2014 年
丹麦	0.117	日本	0.062
德国	0.098	波兰	0.057
爱尔兰	0.085	爱沙尼亚	0.056
葡萄牙	0.083	罗马尼亚	0.050
比利时	0.075	芬兰	0.050
捷克	0.072	美国	0.037
瑞典	0.072	中国	0.031
英国	0.070	印度尼西亚	0.026
爱尔兰	0.085	韩国	0.024
葡萄牙	0.083	**平均**	**0.063**

资料来源：1. 美国：http：//www.eia.doe.gov，EIA。
2. 中国：国家能源局。
3. 韩国、日本、印度尼西亚：韩国电力、东京电力、印度尼西亚国家电力公司年报。
4. 欧洲国家：http：//epp.eurostat.ec.europa.eu。

注 1. 美国输配电价为重组后的输配电企业平均电价水平。
2. 韩国、日本、印度尼西亚输配电价分别为韩国电力、东京电力、印度尼西亚国家电力公司水平。
3. 欧洲国家输配电价水平为居民用户和工业用户输配电价按电量加权值，并且居民、工业用户的输配电价为年用电量小于 20MW·h、20～500MW·h、500～2000MW·h、2000～20 000MW·h、20 000～70 000MW·h 五类用户电网价格算术平均值。

2010—2014 年，美国、中国、英国等国家的输配电价水平及变化趋势如表 4-7 和图 4-8 所示，总体来看，各国输配电价均呈现上涨态势。近几年，中国输配电价增速较高，其上涨主要是口径变化导致，中国输配电价由国家电网和南方电网数据汇总得到，不包括大量的独立县级供电企业等，造成历史数据偏低。近年来，我国推进农网

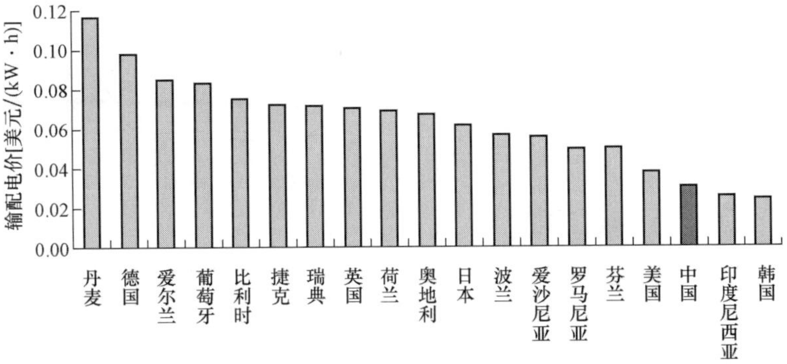

图 4-7 2014 年部分国家（地区）输配电价水平比较

升级改造和县公司上划，相应提高了输配电价水平。欧洲大部分国家近年为支撑大范围电力交易的开展和资源优化配置，跨国电网以及相应各国电网建设和升级改造，直接影响输配电价上涨。美国，自2008 年经历几次大停电事故后加强了电网改造和建设投资，近年电网比较成熟，输配电价相对涨幅较低。

表 4-7 2010—2014 年部分国家输配电价情况

国家	2010 年	2011 年	2012 年	2013 年	2014 年	年均增长率(%)	2013 年同比增长(%)
	本币元/（kW·h）						
爱沙尼亚	0.028	0.031	0.032	0.037	0.042	10.5	14.0
葡萄牙	0.044	0.047	0.055	0.060	0.063	9.3	5.6
英国	0.039	—	0.046	0.052	0.053	8.1	1.9
爱尔兰	—	—	0.056	0.062	0.064	7.0	4.2
中国	0.147	0.160	0.172	0.179	0.191	6.8	6.7
德国	0.058	0.061	0.064	0.067	0.074	6.1	10.8
瑞典	0.044	0.052	0.054	0.058	0.054	5.5	-7.4
罗马尼亚	0.030	0.033	0.032	0.032	0.037	5.4	15.9
比利时	0.047	0.049	0.055	0.056	0.057	5.0	1.5
芬兰	0.031	0.033	0.037	0.037	0.037	4.7	0.5

续表

国家	2010年	2011年	2012年	2013年	2014年	年均增长率(%)	2013年同比增长(%)
	本币元/(kW·h)						
捷克	0.046	0.047	0.052	0.054	0.055	4.4	0.8
荷兰	0.044	0.042	0.042	0.043	0.052	4.2	21.9
丹麦	0.076	0.079	0.087	0.089	0.088	3.7	−1.1
保加利亚	0.023	0.024	0.025	0.028	0.026	3.0	−5.9
波兰	0.040	0.044	0.042	0.046	0.043	2.1	−6.3
美国	0.035	0.034	0.036	0.037	0.037	1.5	1.4
奥地利	0.048	0.048	0.049	0.049	0.051	1.2	2.5

资料来源：1. 美国：http：//www.eia.doe.gov，EIA。
2. 中国：国家能源局。
3. 其他国家：http：//epp.eurostat.ec.europa.eu。

注 1. 美国输配电价为重组后的输配电企业平均电价水平。
2. 除美国、中国外，其他国家输配电价为工业与居民用户按电量加权的平均输配电价。

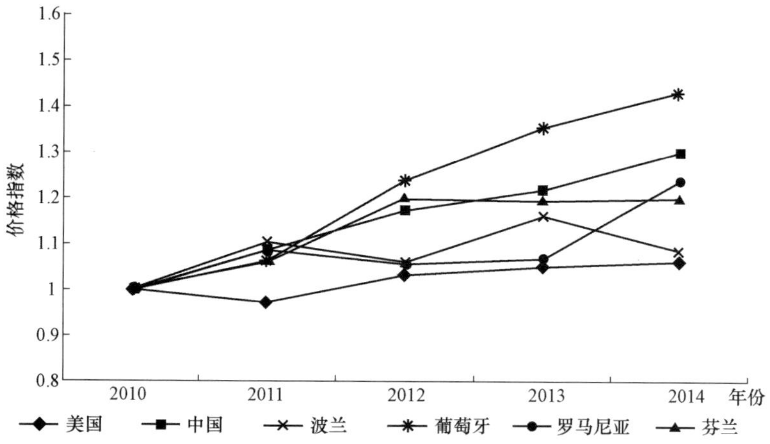

图 4-8 部分国家输配电价近年走势比较

4.4 销售电价分析

4.4.1 销售电价总水平

2014年，美国、中国等五国的平均销售电价水平为0.057～0.158美元/（kW·h），中国的价格处于较低水平。24个国家（地区）的工业电价与居民电价按电量加权平均电价水平为0.085～0.321美元/（kW·h），中国电价为0.104美元/（kW·h），位于倒数第四。2014年部分国家（地区）销售电价水平比较见表4-8和图4-9。

表4-8 2014年部分国家（地区）销售电价水平比较 美元/（kW·h）

国家	2014年	国家	2014年
总水平			
新西兰	0.158	中国	0.101
韩国	0.106	南非	0.057
美国	0.105	平均	0.105
居民与工业用户销售电价按电量加权平均水平			
意大利	0.321	斯洛文尼亚	0.149
德国	0.261	土耳其	0.144
丹麦	0.258	捷克	0.143
爱尔兰	0.238	匈牙利	0.142
日本	0.219	爱沙尼亚	0.141
葡萄牙	0.217	瑞典	0.138
英国	0.208	芬兰	0.137
希腊	0.194	波兰	0.136
斯洛伐克	0.173	墨西哥	0.112
比利时	0.171	中国	0.104
法国	0.170	韩国	0.103

续表

国家	2014 年	国家	2014 年
荷兰	0.169	美国	0.102
瑞士	0.168	挪威	0.085
平均	0.169		

资料来源：1. 美国：http：//www. eia. doe. gov，EIA。
2. 韩国：《韩国电力》。
3. 中国：国家能源局。
4. 新西兰：http：//www. med. govt. nz/。
5. 墨西哥：http：//www. sener. gob. mx。
6. 芬兰：http：//www. energiamarkkinavirasto. fi/。

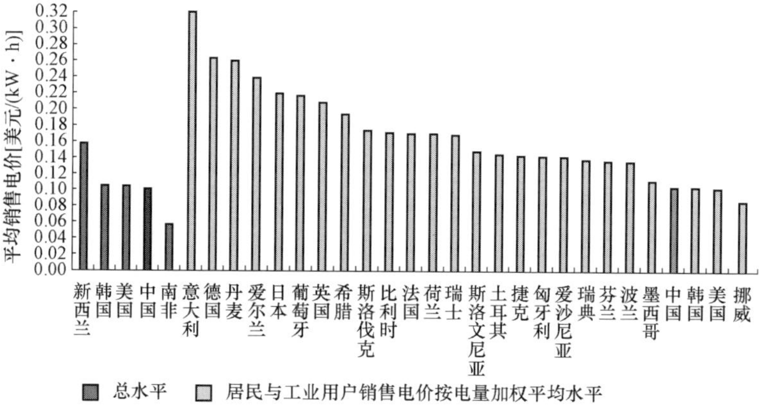

图 4-9 2014 年部分国家（地区）销售电价水平比较

2010—2014 年部分国家（地区）的平均销售电价水平、居民与工业用户销售电价按电量加权水平的变化趋势见表 4-9 和图 4-10。

2014 年，大多数国家销售电价上涨，中国涨幅较低。美国，受上网电价和输配电价共同小幅上涨影响，销售电价小幅上涨。中国，受上网电价微涨、售电结构变化等因素影响，销售电价小幅上涨。2010—2014 年，大多数国家销售电价水平均上涨，南非年均电价涨幅最高，达 18%，中国电价涨幅较低，为 2%。

表 4-9 2010—2014 年部分国家平均销售电价情况 本币元/（kW·h）

国家	2010 年	2011 年	2012 年	2013 年	2014 年	年均增长率（%）	2014 年同比增长（%）
总水平							
美国	0.098	0.099	0.098	0.101	0.105	1.5	3.8
中国	0.571	0.583	0.617	0.621	0.629	2.4	1.3
南非	0.320	0.403	0.503	0.555	0.622	18.1	12.1
新西兰	0.165	0.176	0.183	0.185	0.190	3.7	2.7
韩国	86.120	90.030	99.100	106.330	111.280	6.6	4.7
居民与工业用户销售电价按电量加权平均水平							
希腊	0.105	0.109	0.124	0.138	0.146	8.8	6.1
韩国	80.854	85.419	95.434	102.942	108.691	7.7	5.6
葡萄牙	0.124	0.134	0.154	0.157	0.163	7.1	3.7
日本	17.621	18.259	19.554	21.146	23.179	7.1	9.6
爱沙尼亚	0.082	0.084	0.092	0.111	0.107	6.7	−4.3
土耳其	0.244	0.249	0.289	0.308	0.316	6.7	2.5
爱尔兰	0.141	0.149	0.167	0.177	0.179	6.3	1.5
德国	0.155	0.166	0.172	0.190	0.197	6.2	3.7
英国	0.100	0.107	0.112	0.119	0.126	6.1	6.1
意大利	0.196	0.201	0.226	0.238	0.242	5.4	1.5
法国	0.105	0.113	0.115	0.122	0.128	5.2	4.7
墨西哥	1.259	1.358	1.411	1.433	1.490	4.3	4.0
芬兰	0.092	0.106	0.105	0.105	0.103	2.9	−1.1
荷兰	0.118	0.118	0.123	0.126	0.128	2.0	1.0
中国	0.596	0.598	0.636	0.643	0.646	2.0	0.4

续表

国家	2010年	2011年	2012年	2013年	2014年	年均增长率(%)	2014年同比增长(%)
丹麦	1.350	1.443	1.462	1.472	1.452	1.8	-1.4
美国	0.097	0.097	0.097	0.099	0.102	1.4	2.8
比利时	0.124	0.133	0.134	0.134	0.129	1.0	-4.0
斯洛文尼亚	0.108	0.109	0.112	0.117	0.112	0.9	-4.4
瑞士	0.152	0.156	0.156	0.155	0.154	0.4	-0.9
波兰	0.431	0.448	0.469	0.452	0.428	-0.2	-5.4
捷克	3.055	3.174	3.243	3.344	2.967	-0.7	-11.3
斯洛伐克	0.137	0.141	0.145	0.148	0.131	-1.2	-11.5
瑞典	1.062	1.068	0.988	0.981	0.944	-2.9	-3.8
匈牙利	37.313	36.465	38.487	35.685	33.108	-2.9	-7.2
挪威	0.708	0.635	0.528	0.603	0.538	-6.6	-10.7

资料来源：1. 美国：http：//www.eia.doe.gov，EIA。
2. 韩国：《韩国电力》。
3. 中国：国家能源局。
4. 新西兰：http：//www.med.govt.nz/。
5. 墨西哥：http：//www.sener.gob.mx。

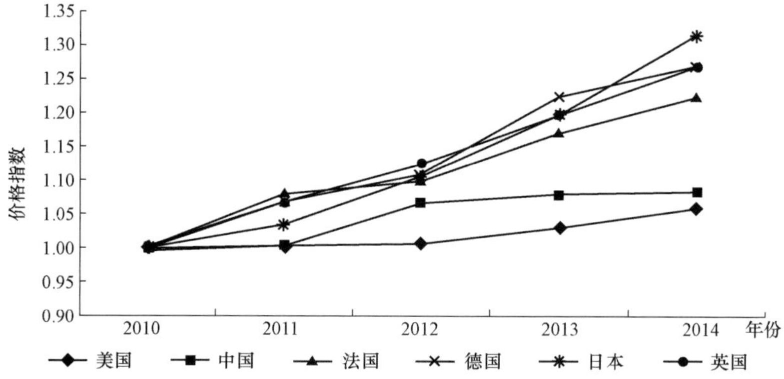

图4-10　2010—2014年部分国家平均销售电价走势比较

4.4.2 分类销售电价

（一）工业电价

2014 年，33 个国家（地区）的工业电价水平为 0.048～0.328 美元/（kW•h），其比较如表 4-10 和图 4-11 所示。意大利的工业电价水平最高，为 0.328 美元/（kW•h）；中国的工业电价为 0.107 美元/（kW•h），处于第 21 位。我国工业电价高于美国，一是长期以来，我国工商业用户对居民用户和农业用户实行交叉补贴，二是我国工业用电占比很大，如果电价较低，将导致商业、居民电价大幅上升。美国工业电价之所以能够维持较低水平，是因为其商业、居民电价高、占比大，能够实现收支平衡。

表 4-10　　2014 年部分国家（地区）工业电价水平比较　　美元/（kW•h）

国家（地区）	2014 年	国家（地区）	2014 年
意大利	0.328	匈牙利	0.123
日本	0.188	捷克	0.123
德国	0.179	墨西哥	0.122
爱尔兰	0.166	以色列	0.121
英国	0.157	荷兰	0.118
斯洛伐克	0.157	爱沙尼亚	0.118
葡萄牙	0.156	斯洛文尼亚	0.115
希腊	0.143	中国	0.107
奥地利	0.135	芬兰	0.105
土耳其	0.131	智利	0.104
瑞士	0.129	丹麦	0.102
比利时	0.128	韩国	0.101
法国	0.126	波兰	0.100

续表

国家（地区）	2014 年	国家（地区）	2014 年
卢森堡	0.099	美国	0.070
加拿大	0.096	挪威	0.055
新西兰	0.094	南非	0.048
瑞典	0.082	平均	0.125

资料来源：《ENERGY PRICE & TAXES，2nd Quarter 2015》，IEA。

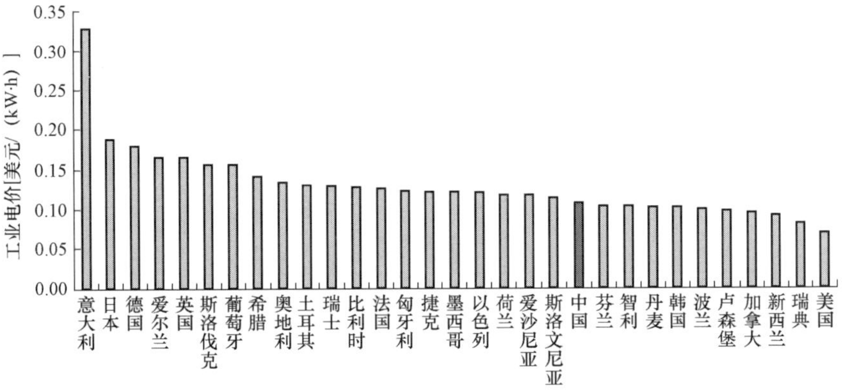

图 4-11　2014 年部分国家（地区）工业电价水平比较

2014 年，23 个国家（地区）的工业电价税费构成如表 4-11 和图 4-12 所示，不含税（消费税和增值税）的工业电价为 0.044～0.197 美元/（kW·h），意大利最高，挪威最低，中国位居倒数第四。这些国家的工业电价中，税价以消费税为主，占总价的比例为 1%～40%，德国、意大利等欧洲发达国家税价占比较高。

表 4-11　2014 年部分国家（地区）工业电价及税费构成比较

美元/（kW·h）

国家（地区）	不含税价	消费税	增值税	含税价	税价占含税价比例（%）
意大利	0.197	0.131		0.328	39.8
日本	0.172	0.004	0.013	0.188	8.7

续表

国家（地区）	不含税价	消费税	增值税	含税价	税价占含税价比例（%）
葡萄牙	0.155	0.001		0.156	0.9
英国	0.153	0.004		0.157	2.6
瑞士	0.122	0.007		0.129	5.1
捷克	0.121	0.001		0.123	1.1
希腊	0.116	0.027		0.143	18.8
匈牙利	0.113	0.010		0.123	8.3
土耳其	0.107	0.004	0.020	0.131	18.5
比利时	0.106	0.022		0.128	17.2
奥地利	0.103	0.032		0.135	24.1
爱沙尼亚	0.102	0.016		0.118	13.6
丹麦	0.101	0.001		0.102	0.7
斯洛文尼亚	0.100	0.015		0.115	12.8
法国	0.100	0.026		0.126	20.7
荷兰	0.095	0.023		0.118	19.2
芬兰	0.095	0.009		0.105	8.9
德国	0.095	0.084		0.179	46.9
波兰	0.094	0.006		0.100	6.3
中国	0.092		0.016	0.107	14.5
卢森堡	0.090	0.009		0.099	9.0
瑞典	0.081	0.001		0.082	0.9
挪威	0.044		0.011	0.055	20.0
平均	0.111	—	—	0.132	—

2014 年，南非、日本的工业电价涨幅较高，超过 10%；丹麦、

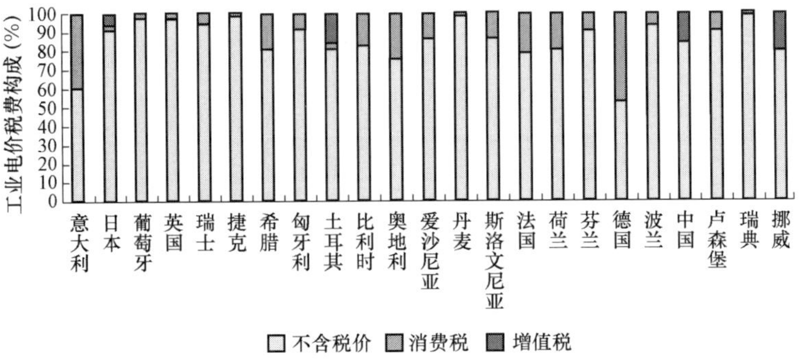

图 4-12　2014 年部分国家（地区）工业电价税费构成比较

挪威的工业电价跌幅最大，接近 15%，与其市场价格大幅下降有关；中国，政府 2013 年调价主要调整基金及附加，因此工业电价本身变化不大。2010—2014 年 33 个国家（地区）工业电价如表 4-12 和图 4-13 所示，这五年各国价格水平涨跌不一，年均增长率为-6.4%～17.6%，中国涨幅居中，为 2%。

表 4-12　　2010—2014 年部分国家（地区）工业电价情况　　本币元/（kW·h）

国家（地区）	2010 年	2011 年	2012 年	2013 年	2014 年	年均增长率（%）	2014 年同比增长（%）
南非	0.270	0.343	0.421	0.456	0.518	17.6	13.7
以色列	0.324	0.347	0.415	0.438	—	10.6	—
加拿大	0.075	0.080	0.085	0.099	—	9.7	—
日本	14.226	15.009	16.281	17.851	19.910	8.8	11.5
韩国	76.630	81.880	92.830	100.700	106.830	8.7	6.1
德国	0.103	0.113	0.116	0.127	0.135	7.1	6.0
意大利	0.195	0.201	0.227	0.242	0.247	6.1	2.0
土耳其	0.226	0.231	0.266	0.279	0.286	6.1	2.5
葡萄牙	0.093	0.100	0.115	0.115	0.118	6.0	2.7

续表

国家（地区）	2010年	2011年	2012年	2013年	2014年	年均增长率（%）	2014年同比增长（%）
爱沙尼亚	0.070	0.073	0.079	0.094	0.089	6.0	-5.5
希腊	0.086	0.090	0.104	0.107	0.108	5.8	0.8
新西兰	0.098	0.103	0.106	0.114	—	5.4	—
墨西哥	1.314	1.434	1.508	1.552	1.617	5.3	4.2
英国	0.078	0.081	0.085	0.089	0.095	5.0	7.3
爱尔兰	0.104	0.110	0.121	0.130	0.125	4.9	-3.9
法国	0.081	0.087	0.090	0.095	0.095	4.2	0.1
芬兰	0.072	0.082	0.081	0.080	0.079	2.4	-1.8
中国	0.618	0.627	0.668	0.670	0.668	2.0	-0.2
匈牙利	27.575	27.543	29.584	29.672	28.680	1.0	-3.3
美国	0.068	0.068	0.067	0.068	0.070	0.8	2.5
比利时	0.094	0.100	0.098	0.097	0.097	0.7	0.1
荷兰	0.088	0.085	0.085	0.085	0.089	0.4	4.8
瑞士	0.117	0.117	0.122	0.123	0.118	0.2	-4.2
斯洛文尼亚	0.092	0.091	0.092	0.095	0.087	-1.4	-8.3
捷克	2.746	2.824	2.831	2.911	2.549	-1.8	-12.4
斯洛伐克	0.128	0.128	0.132	0.135	0.118	-1.9	-12.2
奥地利	—	—	0.107	0.106	0.102	-2.6	-4.2
丹麦	0.643	0.633	0.643	0.672	0.572	-2.9	-14.9
波兰	0.363	0.360	0.373	0.346	0.315	-3.5	-8.9
卢森堡	0.088	0.085	0.087	0.080	0.074	-3.9	-7.2
瑞典	0.694	0.676	0.604	0.589	0.560	-5.2	-4.8
挪威	0.446	0.399	0.335	0.404	0.344	-6.3	-14.8
智利	77.262	74.592	61.574	58.443	59.232	-6.4	1.4

资料来源：《ENERGY PRICE & TAXES，2nd Quarter 2015》，IEA。

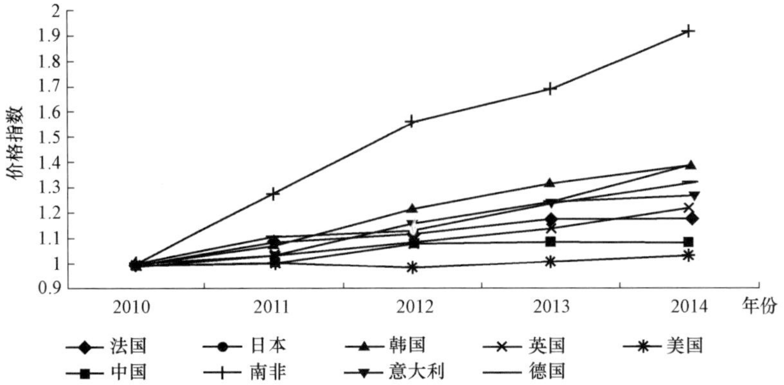

图 4-13　2010—2014 年部分国家（地区）工业电价走势比较

（二）居民电价

2014 年，33 个国家（地区）的居民电价如表 4-13 和图 4-14 所示，其水平为 0.084～0.403 美元/（kW•h）。其中，中国的居民电价最低，仅为其余 32 国平均水平的 40%。

表 4-13　　2014 年部分国家（地区）居民电价水平比较　　美元/（kW•h）

国家（地区）	2014 年	国家（地区）	2014 年
丹麦	0.403	希腊	0.236
德国	0.395	卢森堡	0.218
意大利	0.307	瑞典	0.215
爱尔兰	0.305	斯洛伐克	0.214
葡萄牙	0.292	斯洛文尼亚	0.213
奥地利	0.267	瑞士	0.209
英国	0.256	法国	0.207
日本	0.253	芬兰	0.201
荷兰	0.252	波兰	0.192
比利时	0.244	捷克	0.174
新西兰	0.236	以色列	0.172

续表

国家（地区）	2014 年	国家（地区）	2014 年
土耳其	0.170	韩国	0.110
爱沙尼亚	0.169	加拿大	0.104
匈牙利	0.158	墨西哥	0.090
智利	0.151	南非	0.085
挪威	0.127	中国	0.084
美国	0.125	平均	0.207

资料来源：《ENERGY PRICE & TAXES，2nd Quarter 2015》，IEA。

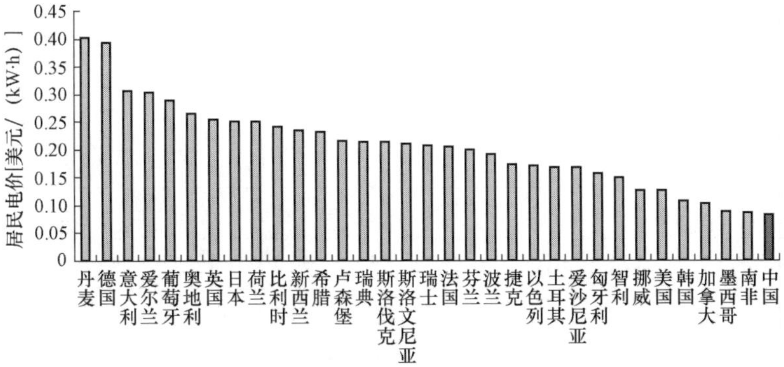

图 4-14 2014 年部分国家（地区）居民电价比较

2014 年，28 个国家（地区）的居民电价税费构成如表 4-14 和图 4-15 所示，不含税（消费税和增值税）的居民电价为 0.072～0.269 美元/（kW•h），爱尔兰最高，中国最低。这些国家的居民电价中，税价占总价的比例为 4.8%～56.8%，丹麦、德国、瑞典、意大利、法国、挪威等欧洲国家较高，均超过 30%；中国税价比重为 14.5%，属于中等偏低水平。

表 4-14　　2014 年部分国家（地区）居民电价及税费构成比较

美元/（kW·h）

国家（地区）	不含税价	消费税	增值税	含税价	税价占含税价比例（%）
爱尔兰	0.269		0.036	0.305	11.9
英国	0.244		0.012	0.256	4.8
葡萄牙	0.236	0.001	0.055	0.292	19.1
日本	0.233	0.004	0.017	0.253	8.0
新西兰	0.205		0.031	0.236	13.0
比利时	0.197	0.026	0.021	0.244	19.3
意大利	0.195	0.084	0.028	0.307	36.3
荷兰	0.191	0.018	0.044	0.252	24.4
德国	0.191	0.141	0.063	0.395	51.7
瑞士	0.187	0.007	0.016	0.209	10.5
卢森堡	0.180	0.026	0.012	0.218	17.7
斯洛伐克	0.178		0.036	0.214	16.7
奥地利	0.176	0.047	0.044	0.267	34.1
丹麦	0.174	0.148	0.081	0.403	56.8
希腊	0.161	0.048	0.027	0.236	31.9
斯洛文尼亚	0.151	0.023	0.038	0.213	29.0
波兰	0.150	0.006	0.036	0.192	22.0
捷克	0.143	0.001	0.030	0.174	18.2
法国	0.139	0.038	0.031	0.207	33.1
芬兰	0.137	0.025	0.039	0.201	31.9
土耳其	0.133	0.011	0.026	0.170	21.5
瑞典	0.131	0.040	0.043	0.215	38.9
智利	0.127		0.024	0.151	16.0
匈牙利	0.125		0.034	0.158	21.3
爱沙尼亚	0.124	0.016	0.028	0.169	26.3

续表

国家（地区）	不含税价	消费税	增值税	含税价	税价占含税价比例（%）
挪威	0.082	0.020	0.025	0.127	35.5
墨西哥	0.078		0.012	0.090	13.8
中国	0.072		0.012	0.084	14.5
平均	0.165	—	—	0.223	—

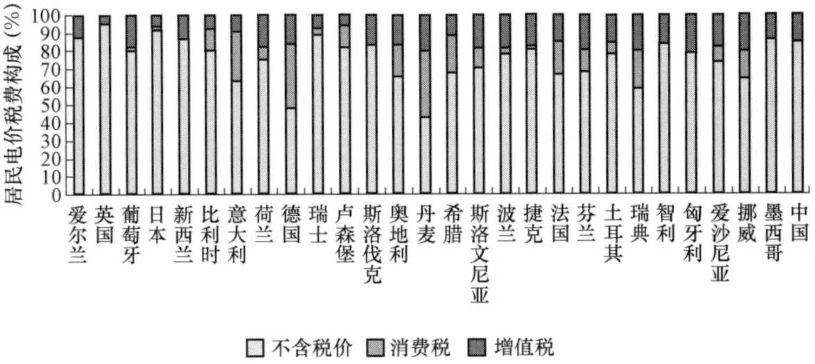

图 4-15 2014 年部分国家（地区）居民电价税费构成比较

2014 年，希腊的居民电价涨幅最高，为 9%；捷克、斯洛伐克、匈牙利、挪威的居民电价跌幅较大，均超过 8%；中国居民电价由于 2014 年没有调整，以 0.3%的幅度略有下降。2010—2014 年，33 个国家（地区）近年的居民电价如表 4-15 和图 4-16 所示。除瑞典、智利、匈牙利、挪威外，其余国家（地区）近五年的居民电价上涨，年均增长率为 0.1%～10.4%，希腊、南非居民电价增长较快，年均增长均约 10%，中国涨幅较低，为 2.4%。

表 4-15 2010—2014 年部分国家（地区）居民电价情况

本币元/（kW·h）

国家（地区）	2010 年	2011 年	2012 年	2013 年	2014 年	年均增长率（%）	2014 年同比增长（%）
希腊	0.120	0.124	0.140	0.163	0.178	10.4	9.0

续表

国家（地区）	2010年	2011年	2012年	2013年	2014年	年均增长率（%）	2014年同比增长（%）
南非	0.640	0.664	0.795	0.871	0.924	9.6	6.2
葡萄牙	0.162	0.177	0.203	0.211	0.220	7.9	4.4
土耳其	0.276	0.283	0.331	0.362	0.371	7.7	2.6
爱沙尼亚	0.096	0.098	0.108	0.132	0.127	7.3	−3.2
爱尔兰	0.176	0.186	0.210	0.220	0.230	7.0	4.4
英国	0.119	0.131	0.137	0.147	0.155	6.8	5.5
以色列	0.522	0.532	0.584	0.619	—	5.9	—
日本	21.396	21.872	23.193	24.810	26.812	5.8	8.1
法国	0.125	0.134	0.136	0.146	0.156	5.8	7.2
德国	0.241	0.253	0.264	0.292	0.298	5.5	2.1
韩国	96.096	98.191	104.831	111.033	115.409	4.7	3.9
新西兰	0.243	0.257	0.267	0.276	0.285	4.0	3.1
意大利	0.199	0.200	0.224	0.230	0.231	3.9	0.5
加拿大	0.096	0.104	0.104	0.107	—	3.7	—
芬兰	0.132	0.154	0.152	0.152	0.152	3.5	−0.3
斯洛文尼亚	0.140	0.145	0.150	0.160	0.160	3.4	0.1
荷兰	0.167	0.171	0.185	0.194	0.190	3.3	−1.7
丹麦	2.003	2.192	2.220	2.213	2.265	3.1	2.4
波兰	0.540	0.587	0.621	0.620	0.606	2.9	−2.3
中国	0.475	0.477	0.486	0.524	0.523	2.4	−0.3
美国	0.116	0.117	0.119	0.121	0.125	1.9	3.1
墨西哥	1.133	1.184	1.186	1.161	1.199	1.4	3.3
比利时	0.175	0.190	0.194	0.199	0.184	1.3	−7.4
奥地利	0.194	0.196	0.198	0.205	0.201	0.9	−1.7
捷克	3.539	3.720	3.886	4.022	3.620	0.6	−10.0

续表

国家（地区）	2010 年	2011 年	2012 年	2013 年	2014 年	年均增长率(%)	2014 年同比增长(%)
瑞士	0.188	0.198	0.192	0.189	0.192	0.5	1.4
卢森堡	0.163	0.159	0.163	0.156	0.165	0.3	5.7
斯洛伐克	0.161	0.174	0.179	0.179	0.161	0.1	-10.0
瑞典	1.570	1.609	1.516	1.522	1.471	-1.6	-3.3
智利	106.484	101.905	90.101	85.337	86.395	-5.1	1.2
匈牙利	45.425	43.897	45.904	40.695	36.797	-5.1	-9.6
挪威	1.063	0.956	0.791	0.873	0.801	-6.8	-8.2

资料来源：《ENERGY PRICE & TAXES，2nd Quarter 2015》，IEA。

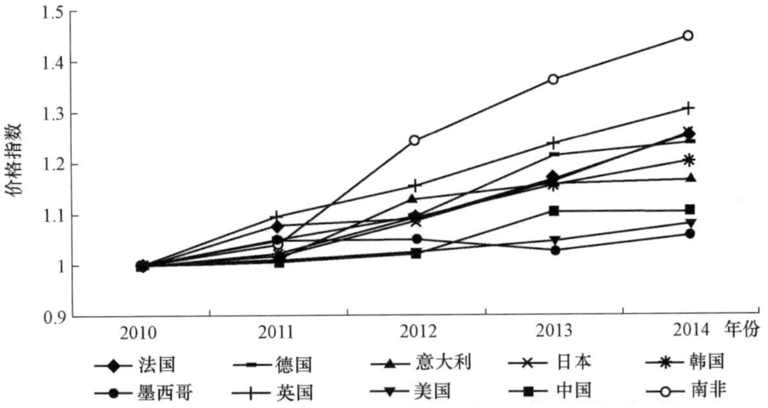

图 4-16　2010—2014 年部分国家（地区）居民电价走势比较

4.5　电价比价分析

4.5.1　用户电价比价

2013 年，30 个国家（地区）的居民电价与工业电价比价如表 4-16 和图 4-17 所示，比价水平为 0.74～3.96，平均约为 1.8，仅意大利、墨西哥、中国居民电价与工业电价比价均小于 1，表明工业用户对居民用户提供较重的交叉补贴。

表 4-16 2014 年部分国家（地区）居民电价与工业电价比价情况

国家（地区）	2014 年	国家（地区）	2014 年
丹麦	3.96	法国	1.64
瑞典	2.63	英国	1.63
挪威	2.33	瑞士	1.63
卢森堡	2.21	智利	1.46
德国	2.20	爱沙尼亚	1.43
荷兰	2.14	捷克	1.42
奥地利	1.98	斯洛伐克	1.36
芬兰	1.93	日本	1.35
波兰	1.92	土耳其	1.30
比利时	1.90	匈牙利	1.28
葡萄牙	1.87	韩国	1.08
斯洛文尼亚	1.85	意大利	0.94
爱尔兰	1.83	中国	0.78
南非	1.78	墨西哥	0.74
美国	1.78	**平均**	**1.80**

资料来源：《ENERGY PRICE & TAXES，2nd Quarter 2015》，IEA。

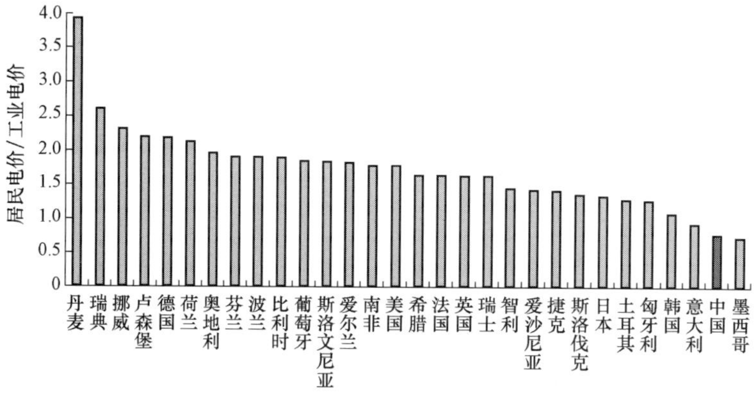

图 4-17 2014 年部分国家（地区）居民电价与工业电价比价情况

2010—2014年，34个国家（地区）的居民用电与工业用电比价见表4-17及图4-18。大多数国家的居民与工业用电比价保持平稳或上升。南非、墨西哥、瑞士、挪威的比价以超过2%的速度逐年下降。挪威、中国、爱沙尼亚、日本的比价以低于2%的速度小幅下降。中国，2013年，居民电价上涨，使得居民与工业用电比价略有提高，交叉补贴得到缓解。

表4-17 2010—2014年居民用电与工业用电比价情况

国家（地区）	2010年	2011年	2012年	2013年	2014年
奥地利	—	—	1.84	1.93	1.98
比利时	1.86	1.91	1.97	2.06	1.90
加拿大	1.28	1.30	1.23	1.08	—
智利	1.38	1.37	1.46	1.46	1.46
捷克	1.29	1.32	1.37	1.38	1.42
丹麦	3.11	3.46	3.45	3.29	3.96
爱沙尼亚	1.36	1.35	1.38	1.40	1.43
芬兰	1.85	1.88	1.88	1.90	1.93
法国	1.55	1.54	1.51	1.53	1.64
德国	2.35	2.24	2.28	2.29	2.20
希腊	1.39	1.38	1.35	1.53	1.65
匈牙利	1.65	1.59	1.55	1.37	1.28
爱尔兰	1.70	1.70	1.74	1.69	1.83
以色列	1.61	1.53	1.41	1.41	—
意大利	1.02	1.00	0.99	0.95	0.94
日本	1.50	1.46	1.42	1.39	1.35
韩国	1.25	1.20	1.13	1.10	1.08
卢森堡	1.86	1.87	1.87	1.94	2.21
墨西哥	0.86	0.83	0.79	0.75	0.74

续表

国家（地区）	2010 年	2011 年	2012 年	2013 年	2014 年
荷兰	1.91	2.01	2.18	2.28	2.14
新西兰	2.49	2.50	2.53	2.41	—
挪威	2.38	2.40	2.36	2.16	2.33
波兰	1.49	1.63	1.67	1.79	1.92
葡萄牙	1.75	1.77	1.77	1.84	1.87
斯洛伐克	1.26	1.35	1.35	1.33	1.36
斯洛文尼亚	1.53	1.60	1.64	1.69	1.85
西班牙	1.87	1.98	—	—	—
瑞典	2.26	2.38	2.51	2.59	2.63
瑞士	1.60	1.69	1.57	1.54	1.63
土耳其	1.22	1.22	1.25	1.30	1.30
英国	1.52	1.61	1.62	1.65	1.63
美国	1.71	1.72	1.78	1.77	1.78
中国	0.77	0.76	0.73	0.78	0.78
南非	2.37	1.94	1.89	1.91	1.78

资料来源：《ENERGY PRICE & TAXES，2nd Quarter 2015》，IEA。

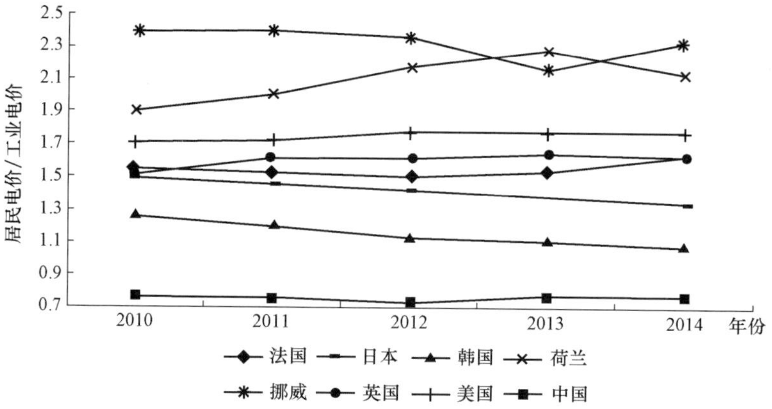

图 4-18　2010—2014 年部分国家（地区）居民电价与工业电价比价

4.5.2 分环节电价比价

分环节电价比价为输配电价与销售电价的比值，如表 4-18 所示。中国输配电价占销售电价比重处于中等偏低水平。

表 4-18 部分国家（地区）输配电价占销售电价比重表

国家	2014 年比值（%）	国家	2014 年比值（%）
丹麦	38.1	保加利亚	31.3
印度尼西亚	36.6	中国	30.5
美国	35.6	德国	30.3
罗马尼亚	35.2	奥地利	30.2
爱沙尼亚	34.6	芬兰	28.6
捷克	34.3	日本	27.1
波兰	33.3	荷兰	26.2
瑞典	33.2	爱尔兰	25.9
英国	32.1	韩国	22.9
葡萄牙	31.9	平均	32.7

资料来源：1. 美国：http：//www.eia.doe.gov，EIA。
2. 中国：电力监管委员会。
3. 韩国、日本、印度尼西亚：韩国电力、东京电力、印度尼西亚国家电力公司年报。
4. 欧洲国家：http：//epp.eurostat.ec.europa.eu。

注 1. 美国输配电价为重组后的输配电企业平均电价水平。
2. 韩国、日本、印度尼西亚、印度输配电价分别为韩国电力、东京电力、印度尼西亚国家电力、印度塔塔公司水平。
3. 欧洲国家输配电价水平为居民用户和工业用户输配电价按电量加权值。

4.6 电力价格展望

上网电价。2015 年，煤炭价格疲软，电力供需形势宽松，国家发展改革委于年底启动煤电联动调价，燃煤发电上网电价平均下降 3 分钱/（kW•h）。2016 年，电煤价格仍然在低位徘徊，上网电价存在再一次煤电联动的可能。同时，直接交易、售电侧改革范围扩大，放开的上网电价在市场初期必然会下降。综合以上因素，2016 年上网电价总体将有所下降。

输配电价。2016 年，国家发展改革委、国家能源局在大用户直购电推进、电力交易机构成立、输配电价改革、电力现货市场构建等方面全面加快推进电改工作。改革后的输配电价由政府核定，电网企业收取过网费，继 2015 年试点后，又启动了十多家的试点工作，各项定价参数遵照实际情况设置，输配电价水平将与 2015 年基本持平，不会出现较大幅度上涨。

销售电价。受上网电价因煤电联动下调及直接交易范围扩大而下降的影响，销售电价将存在一定程度下降的可能。

5 能源比价分析

本章采用基于热值、基于终端等效、基于完成成本三种方法[1]分析能源比价，探寻石油、天然气、电力与煤炭的比价关系。

5.1 基于热值的能源比价分析

5.1.1 工业用能源比价

2010—2014 年，基于热值的中国和各国工业用能源比价总体情况如表 5-1 所示，国内外原油、工业用天然气、工业用电与动力煤的比价走势分别如图 5-1～图 5-3 所示。

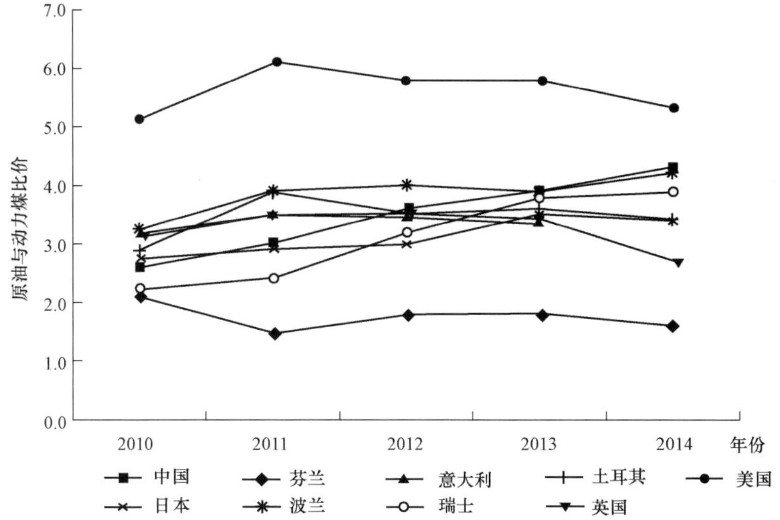

图 5-1 2010—2014 年国内外原油与动力煤基于热值的比价走势

[1] 方法描述详见《能源与电力分析年度报告系列 2015 国际能源与电力价格分析报告》。

表 5-1　基于热值的国内外工业用能源 2010—2014 年比价总体情况

国家（地区）	2010 年				2011 年				2012 年				2013 年				2014 年				平均值			
	油	气	电	煤	油	气	电	煤	油	气	电	煤	油	气	电	煤	油	气	电	煤	油	气	电	煤
中国	2.6	2	4.9	1	3	2	4.5	1	3.6	2.2	5.2	1	3.9	2.7	6.1	1	4.3	3.4	7.2	1	3.5	2.5	5.6	1
芬兰	2.1	1.4	4	1	1.5	1.1	2.6	1	1.8	1.3	2.6	1	1.8	1.4	2.8	1	1.6	1.3	2.7	1	1.8	1.3	2.9	1
意大利	3.2	3	16.5	1	3.5		14.3	1	3.5		14.9	1	3.4		16.4	1				1	3.4	3	15.5	1
日本	2.7		8.3	1	2.9	3.3	7.6	1	3	3.7	8.4	1	3.5	4.1	9.4	1	3.4	4.7	10.6	1	3.1	3.9	8.8	1
波兰	3.2	2.8	7.8	1	3.9	2.7	7	1	4	2.8	6.6	1	3.9	2.7	6.3	1	4.2	3.3	6.8	1	3.8	2.9	6.9	1
瑞士	2.2	2.8	5	1	2.4	2.8	4.6	1	3.2	3.6	6	1	3.8	4.5	7.5	1	3.9	5.1	8	1	3.1	3.8	6.2	1
土耳其	2.9	2.3	8.9	1	3.9	2.1	7.9	1	3.5	2.3	7.5	1	3.6			1	3.4			1	3.5	2.3	8.1	1
英国	3.1	1.8	7.5	1	3.5	1.9	6.3	1	3.5	2.1	6.6	1	3.4	2.3	6.8	1	2.7	1.9	6.8	1	3.2	2	6.8	1
美国	5.1	2.1	7.2	1	6.1	1.8	6.5	1	5.8	1.3	6.2	1	5.8	1.6	6.5	1	5.3	1.9	6.6	1	5.6	1.7	6.6	1
高值	5.1	3	16.5	1	6.1	3.3	14.3	1	5.8	3.6	14.9	1	5.8	4.5	16.4	1	5.3	5.1	10.6	1	5.6	3.9	15.5	1
低值	2.1	1.4	4	1	1.5	1.1	2.6	1	1.8	1.3	2.6	1	1.8	1.4	2.8	1	1.6	1.3	2.7	1	1.8	1.3	2.9	1
平均值	3	2.3	7.8	1	3.4	2.2	6.8	1	3.6	2.2	6.9	1	3.7	2.8	7.7	1	3.6	3.1	7	1	3.4	2.6	7.5	1

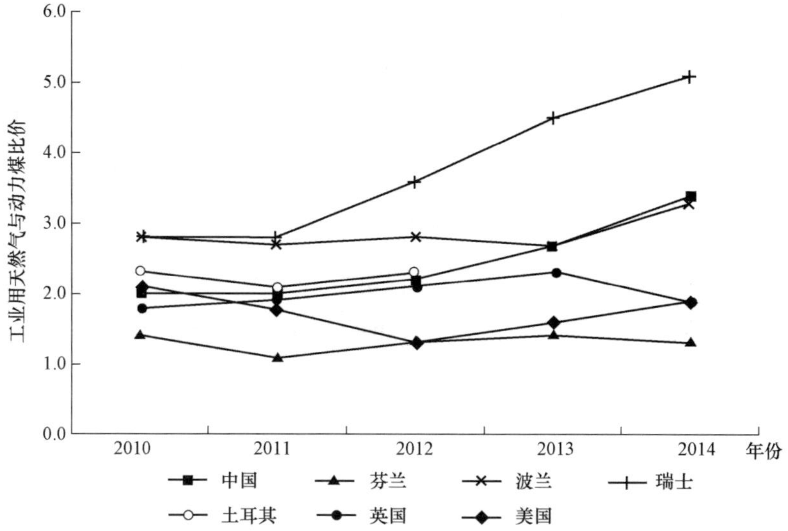

图 5-2 2010—2014 年国内外工业用天然气与动力煤基于热值的比价走势

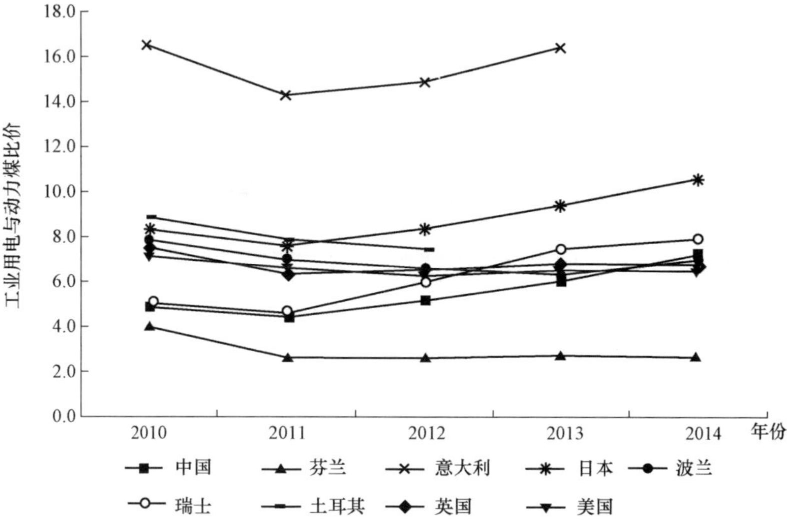

图 5-3 2010—2014 年国内外工业用电与动力煤基于热值的比价走势

从表 5-1 可见，按热值统一折算，我国能源比价总体呈上涨态势。主要原因在于：我国近年煤炭价格大幅下降，2012—2014 年，煤炭价格年均降幅达 13%，由此造成其他能源相对于煤炭的比价连年上升。从 2010—2014 年平均水平来看，我国原油与煤炭比价为 3.5，接近各国平均水平 3.4，工业用天然气与煤炭比价为 2.5，接近各国平均水平的 2.6，工业电价与煤炭比价为 5.6，低于各国平均水平的 7.5，反映**按热值统一折算，我国工业电价相对较低**。

5.1.2 居民用能源比价分析

2010—2014 年，基于热值的中国和各国居民用能源比价总体情况如表 5-2 所示，国内外居民用天然气、居民用电与动力煤的比价走势分别如图 5-4 和图 5-5 所示。

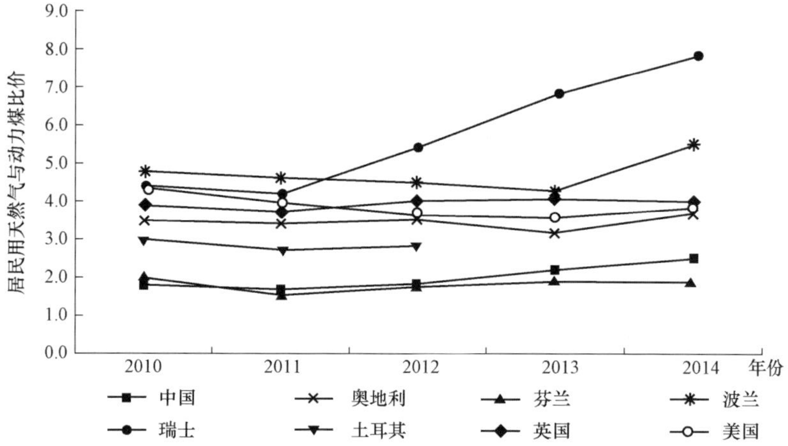

图 5-4 2010—2014 年国内外居民用天然气与动力煤基于热值的比价走势

从表 5-2 可见，**按热值统一折算，我国原油与煤炭比价接近国外平均水平，原油与煤炭比价几年平均为 3.5，接近世界平均水平 3.3。我国气、电与煤炭比价偏低**。**我国居民用天然气价、居民用电**

表 5-2　2010—2014 年基于热值的国内外居民用能源比价总体情况

国家（地区）	2010 年				2011 年				2012 年				2013 年				2014 年				平均值			
	油	气	电	煤	油	气	电	煤	油	气	电	煤	油	气	电	煤	油	气	电	煤	油	气	电	煤
中国	2.6	1.8	3.7	1	3.0	1.7	3.6	1	3.6	1.8	3.9	1	3.9	2.2	5.0	1	4.3	2.5	5.9	1	3.5	2.0	4.4	1
奥地利	1.9	3.5	10.0	1	2.3	3.4	8.9	1	2.5	3.5	8.9	1	2.2	3.2	8.5	1	2.4	3.7	9.7	1	2.2	3.5	9.2	1
芬兰	2.1	2.0	7.4	1	1.5	1.6	4.8	1	1.8	1.8	4.9	1	1.8	1.9	5.3	1	1.6	1.9	5.3	1	1.8	1.8	5.5	1
意大利	3.2	6.7	16.8	1	3.5		14.2	1	3.5		14.7	1	3.4		15.6	1				1	3.4	6.7	15.4	1
日本	2.7	8.5	12.4	1	2.9	7.7	11.0	1	3.0	8.1	11.9	1	3.5	8.4	13.1	1	3.4	9.9	14.3	1	3.1	8.5	12.5	1
波兰	3.2	4.8	11.6	1	3.9	4.6	11.3	1	4.0	4.5	10.9	1	3.9	4.3	11.2	1	4.2	5.5	13.0	1	3.8	4.7	11.6	1
瑞士	2.2	4.4	8.1	1	2.4	4.2	7.7	1	3.2	5.4	9.3	1	3.8	6.8	11.5	1	3.9	7.8	13.0	1	3.1	5.7	9.9	1
土耳其	2.9	3.0	10.9	1	3.9	2.7	9.7	1	3.5	2.8	9.3	1	3.6			1	3.4			1	3.5	2.8	10.0	1
英国	3.1	3.9	11.4	1	3.5	3.7	10.3	1	3.5	4.0	10.8	1	3.4	4.1	11.2	1	2.7	4.0	11.1	1	3.2	3.9	11.0	1
美国	5.1	4.4	12.4	1	6.1	3.9	11.2	1	5.8	3.6	11.0	1	5.8	3.6	11.5	1	5.3	3.8	11.8	1	5.6	3.8	11.6	1
高值	5.1	8.5	16.8	1	6.1	7.7	14.2	1	5.8	5.4	14.7	1	5.8	8.4	15.6	1	5.3	9.9	14.3	1	5.6	8.5	15.4	1
低值	1.9	1.8	3.7	1	1.5	1.6	3.6	1	1.8	1.8	3.9	1	1.8	1.9	5.0	1	1.6	1.9	5.3	1	1.8	1.8	4.4	1
平均值	2.9	4.3	10.5	1	3.3	3.7	9.3	1	3.6	3.4	9.4	1	3.5	4.3	10.3	1	2.9	4.3	10.5	1	3.3	3.7	9.3	1

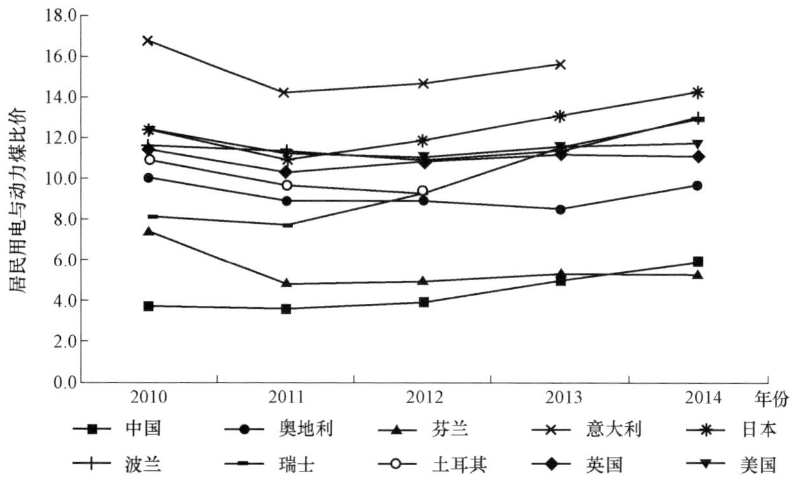

图 5-5 2010—2014 年国内外居民用电与动力煤基于热值的比价走势

与煤炭比价分别为 2.0 和 4.4，与国际平均水平的 4.4、10.1 相差较大，居民用天然气与煤炭比价在所比较国家中仅高于芬兰，居民用电与煤炭比价为所比较国家中的最低值。

这一比价分析结果与我国能源价格政策紧密相关。通过市场化改革，我国煤炭、石油价格已基本上与国际价格接轨，因此油与煤的比价与国际平均水平接近，但气、电价格长期实行政府定价，不能充分发挥价格信号的引导作用，尤其考虑居民用户的承受力，对居民用气和居民用电价格缺乏合理的调整，价格未反映合理的供求关系和供应成本，所以居民比价低于工业比价，也低于其他各国。

综合分析表明，**我国工业电价相对较低，居民气价与居民电价更低**。

5.2 基于终端等效的能源比价分析

计算采用的各类能源热效率系数见表 5-3。

表 5-3 工业用和居民用能源热效率系数

能源	油	气	电	煤
工业（锅炉）	0.95	0.95	0.97	0.95
居民（热水器）	0.8	0.8	0.95	0.55

5.2.1 工业用能源比价分析

2010—2014 年，基于终端等效的各国工业用能源比价总体情况如表 5-4 所示，国内外原油、工业用天然气、工业用电与动力煤的比价走势分别如图 5-6～图 5-8 所示。

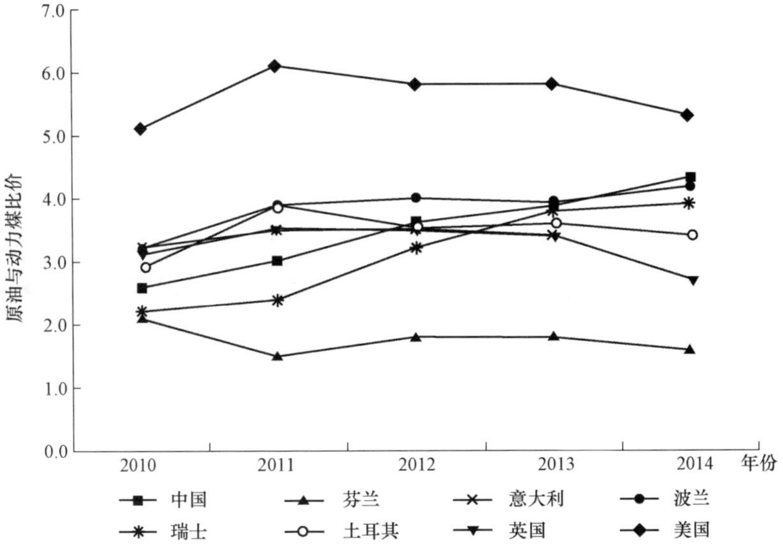

图 5-6 2010—2014 年基于终端等效的国内外原油与动力煤比价走势

表 5-4　　2010—2014 年基于终端等效的各国工业用能源比价总体情况

国家（地区）	2010 年				2011 年				2012 年				2013 年				2014 年				平均值			
	油	气	电	煤	油	气	电	煤	油	气	电	煤	油	气	电	煤	油	气	电	煤	油	气	电	煤
中国	2.6	2.0	5.0	1.0	3.0	2.0	4.6	1.0	3.6	2.2	5.4	1.0	3.9	2.7	6.2	1	4.3	3.4	7.3	1.0	3.5	2.5	5.7	1
芬兰	2.1	1.4	4.1	1	1.5	1.1	2.6	1	1.8	1.3	2.7	1	1.8	1.4	2.9	1	1.6	1.3	2.8	1	1.8	1.3	3.0	1
意大利	3.2	3.0	16.9	1	3.5		14.6	1	3.5		15.2	1	3.4		16.8	1				1	3.4	3.0	15.9	1
日本	2.7		8.4	1	2.9	3.3	7.7	1	3.0	3.7	8.5	1	3.5	4.1	9.6	1	3.4	4.7	10.8	1	3.1	3.9	9.0	1
波兰	3.2	2.8	8.0	1	3.9	2.7	7.1	1	4.0	2.8	6.7	1	3.9	2.7	6.4	1	4.2	3.3	6.9	1	3.8	2.9	7.0	1
瑞士	2.2	2.8	5.1	1	2.4	2.8	4.7	1	3.2	3.6	6.1	1	3.8	4.5	7.6	1	3.9	5.1	8.2	1	3.1	3.8	6.3	1
土耳其	2.9	2.3	9.1	1	3.9	2.1	8.1	1	3.5			1	3.6			1	3.4			1	3.5	2.2	8.6	1
英国	3.1	1.8	7.7	1	3.5	1.9	6.5	1	3.5	2.1	6.7	1	3.4	2.3	7.0	1	2.7	1.9	7.0	1	3.2	2.0	7.0	1
美国	5.1	2.1	7.4	1	6.1	1.8	6.7	1	5.8	1.3	6.3	1	5.8	1.6	6.6	1	5.3	1.9	6.7	1	5.6	1.7	6.7	1
高值	5.1	3.0	16.9	1	6.1	3.3	14.6	1	5.8	3.7	15.2	1	5.8	4.5	16.8	1	5.3	5.1	10.8	1	5.6	3.9	15.9	1
低值	2.1	1.4	4.1	1	1.5	1.1	2.6	1	1.8	1.3	2.7	1	1.8	1.4	2.9	1	1.6	1.3	2.8	1	1.8	1.3	3.0	1
平均值	3.0	2.3	8.0	1	3.4	2.2	6.9	1	3.5	2.4	7.2	1	3.7	2.8	7.9	1	3.6	3.1	7.1	1	3.4	2.6	7.7	1

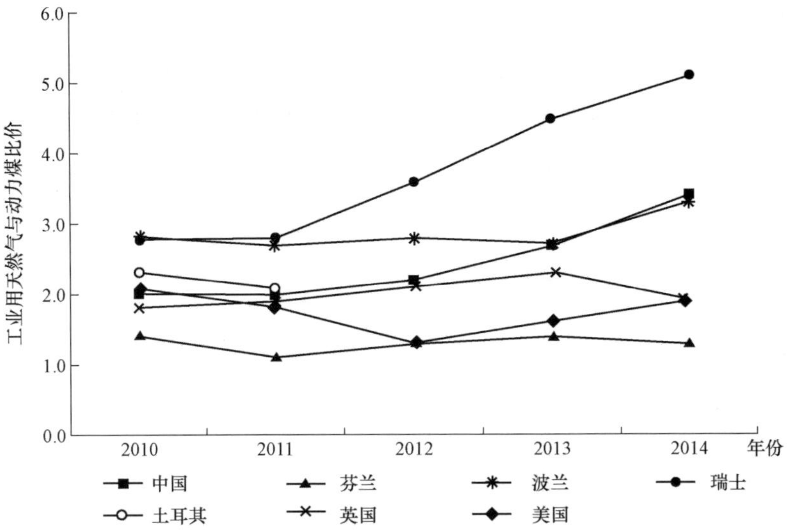

图 5-7 2010—2014 年基于终端等效的国内外工业用天然气与动力煤比价走势

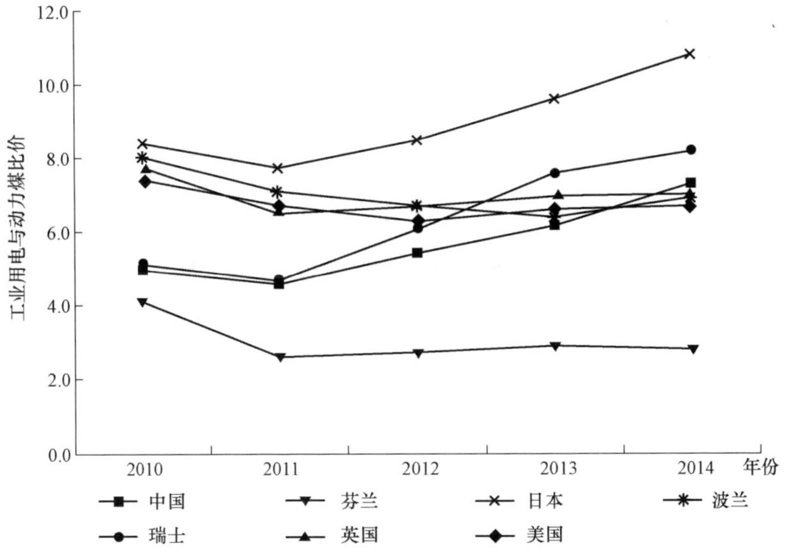

图 5-8 2010—2014 年基于终端等效的国内外工业用电与动力煤比价走势

从表 5-4 可见，由于工业电力锅炉的热效率高于燃油、燃气和燃煤锅炉，所以**相对于热值比价法，基于终端等效的工业用能源比价中，工业电价相对于其他能源的比价有所上升，其他能源之间的比价则保持不变**。**根据能源终端等效比价法，我国工业电价在能源价格中相对较低**。

5.2.2 居民用能源比价分析

2010—2014 年，基于终端等效的各国居民业用能源比价总体情况如表 5-5 所示，国内外居民用天然气、居民用电与动力煤的比价走势分别如图 5-9 和图 5-10 所示。

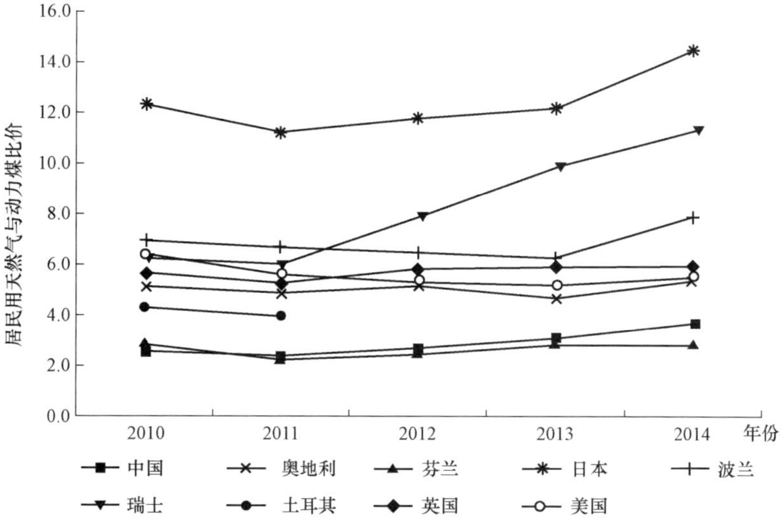

图 5-9 2010—2014 年基于终端等效的国内外居民用天然气与动力煤比价走势

从表 5-5 可见，由于居民燃煤热水器的热效率远低于燃油、燃气和电力热水器，所以**相对于热值比价法，基于终端等效的居民用各类能源对煤炭的比价都有不同程度的上升，电力与煤炭的比价增长幅度最大**。但是我国居民气价、油价和电价与煤炭的比价在世界上所处

表 5-5　2010—2014 年基于终端等效的各国居民用能源比价总体情况

国家（地区）	2010 年				2011 年				2012 年				2013 年				2014 年				平均值			
	油	气	电	煤	油	气	电	煤	油	气	电	煤	油	气	电	煤	油	气	电	煤	油	气	电	煤
中国	3.7	2.6	6.4	1.0	4.4	2.4	6.2	1.0	5.2	2.7	6.8	1.0	5.7	3.1	8.7	1	6.3	3.7	10.2	1.0	5.1	2.9	7.7	1
奥地利	2.8	5.1	17.4	1	3.3	4.9	15.4	1	3.6	5.1	15.3	1	3.1	4.7	14.6	1	3.4	5.4	16.8	1	3.2	5	15.9	1
芬兰	3.0	2.9	12.7	1	2.2	2.3	8.3	1	2.6	2.5	8.5	1	2.6	2.8	9.1	1	2.4	2.8	9.1	1	2.6	2.7	9.6	1
意大利	4.6	9.7	29.1	1	5.0		24.6	1	5.1		25.4	1	5.0		27.0	1			0.0	1	4.9	9.7	21.2	1
日本	3.9	12.3	21.5	1	4.2	11.2	19.0	1	4.4	11.8	20.6	1	5.1	12.2	22.7	1	5.0	14.4	24.7	1	4.5	12.4	21.7	1
波兰	4.7	7.0	20.1	1	5.7	6.7	19.6	1	5.8	6.5	18.9	1	5.6	6.3	19.4	1	6.1	7.9	22.5	1	5.6	6.9	20.1	1
瑞士	3.2	6.3	14.0	1	3.5	6.0	13.4	1	4.6	7.9	16.1	1	5.6	9.9	19.9	1	5.6	11.3	22.5	1	4.5	8.3	17.2	1
土耳其	4.2	4.3	18.8	1	5.7	3.9	16.7	1	5.1			1	5.3			1	4.9			1	5.1	4.1	17.7	1
英国	4.6	5.7	19.7	1	5.0	5.3	17.8	1	5.0	5.8	18.7	1	4.9	6.0	19.4	1	4.0	5.9	19.2	1	4.7	5.7	19	1
美国	7.4	6.4	21.4	1	8.9	5.6	19.4	1	8.5	5.3	19.0	1	8.4	5.2	19.9	1	7.6	5.5	20.3	1	8.2	5.6	20	1
高值	7.4	12.3	29.1	1	8.9	11.2	24.6	1	8.5	11.8	25.4	1	8.4	12.2	27.0	1	7.6	14.4	24.7	1	8.2	12.4	21.7	1
低值	2.8	2.6	6.4	1	2.2	2.3	6.2	1	2.6	2.5	6.8	1	2.6	2.8	8.7	1	2.4	2.8	0.0	1	2.6	2.7	7.7	1
平均值	4.2	6.2	18.1	1	4.8	5.4	16.0	1	5.0	6.0	16.6	1	5.1	6.3	17.8	1	5.0	7.1	16.1	1	4.8	6.3	17	1

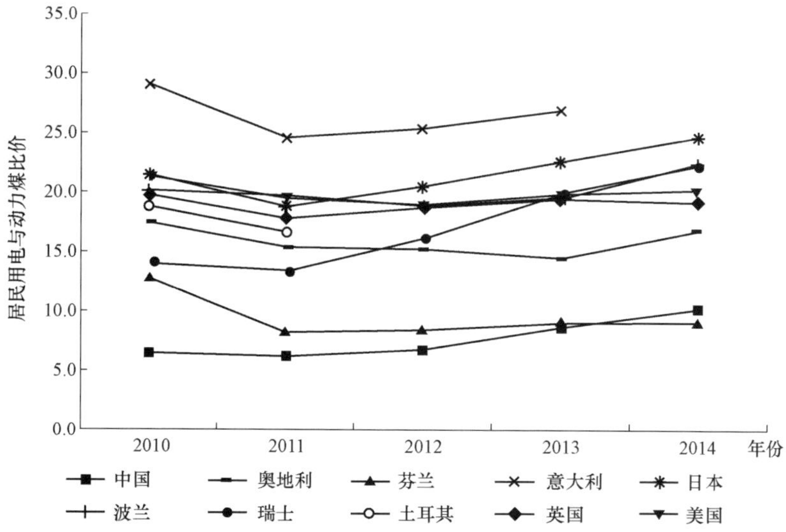

图 5-10 2010—2014 年基于终端等效的国内外居民用电与动力煤比价走势

的位置与基于热值比价法所得结果保持一致，油价与煤炭比价接近世界平均水平，气价与煤炭比价处于比较国家中较低位置，仅高于芬兰，电价与煤炭比价处于比较国家中最低位置，**反映根据能源终端等效法，我国居民用气和用电价格在能源价格中处于严重偏低的位置**。

5.3 基于完全成本法的我国能源比价分析

完全成本比价法是指综合考虑能源合理的供应成本、合理的利润和环境治理成本，以全部成本替代现行的实际价格计算出的比价。鉴于目前数据的可获得性，考虑电力和煤炭价格按 10%的权益合理回报率对价格进行调整，基于调整后的价格计算能源比价。基于完全成本的我国能源比价如表 5-6 所示。

从表 5-6 可以看出，**基于完全成本对我国能源进行比价分析**，在其他条件相同的情况下，**油、气、电与煤炭的比价总体都呈上升态**

表 5-6 基于完全成本的我国能源比价

类别		2010年				2011年				2012年				2013年				2014年				平均值			
		油	气	电	煤	油	气	电	煤	油	气	电	煤	油	气	电	煤	油	气	电	煤	油	气	电	煤
总能比价	等热值	2.3	1.9	4.1	1	3.1	1.9	4.5	1	3.5	2.2	4.9	1	4.5	2.9	6.5	1	4.3	3.2	6.6	1	3.5	2.4	5.3	1
	终端等效（按工业等效）	2.3	1.9	4.2	1	3.1	1.9	4.6	1	3.5	2.2	5.0	1	4.5	2.9	6.6	1	4.3	3.2	6.7	1	3.5	2.4	5.4	1
	终端等效（按居民等效）	3.3	2.7	7.1	1	4.5	2.8	7.7	1	4.4	2.8	7.2	1	6.5	4.3	9.2	1	6.2	4.6	11.4	1	5.0	3.4	8.5	1
工业用户比价	等热值	2.3	1.9	4.4	1	3.1	2	4.8	1	3.5	2.3	5.3	1	4.5	3.1	7.2	1	4.3	3.4	7.2	1	3.5	2.5	5.8	1
	终端等效	2.3	1.9	4.5	1	3.1	2	4.9	1	3.5	2.3	5.4	1	4.5	3.1	7.3	1	4.3	3.4	7.3	1	3.5	2.5	5.9	1
居民用户比价	等热值	2.3	1.7	3.4	1	3.1	1.7	3.9	1	3.5	2.3	5.3	1	4.5	2.5	5.9	1	4.3	2.5	5.9	1	3.5	2.1	4.9	1
	终端等效	3.3	2.4	6	1	4.5	2.5	6.7	1	4.4	2.8	7.2	1	6.5	3.6	8.9	1	6.2	3.6	10.2	1	5.0	3.0	7.8	1

势，能源比价有所优化。主要原因在于：近年煤炭价格大幅下降，煤炭行业的利润接近合理水平。

5.4 合理比价分析

从以上比价分析来看，国际能源比价能够基本反映市场供求关系、资源稀缺程度和环境治理成本，而终端用能等效法下的比价也具有较强的可参考性。以各国比价近年平均水平为基准，综合考虑热值、能源利用效率、完全成本等因素，建议我国能源合理比价范围见表 5 - 7。

表 5 - 7　　我国能源合理比价取值建议

能源	油	气	电	煤
总能	3.2～4.0	2.8～3.5	7.5～10.1	1
工业	3.2～4.0	2.4～4.0	6.6～8.4	1
居民	3.2～4.0	3.6～5.8	9.1～12.8	1

6

能源价格专题分析

6.1　2015年输配电价改革试点进展及建议

中央9号文件出台后，输配电价改革作为本轮电力体制改革的核心改革举措，备受各界关注。近两年来，国家层面不断加快推进输配电价改革，继深圳之后，2015年上半年国家发展改革委批复了蒙西试点方案，选取安徽、湖北、宁夏、云南、贵州五个地区启动第二批试点。2016年，国家发展改革委批复了第二批试点五省的输配电价水平，标志着输配电价改革试点进入实质性操作阶段。

当前正处于输配电价改革试点的探索期，取得的成果来之不易。除旧布新、与时俱进是各界心之所向，然而具体到操作层面，涉及关系国计民生的电力行业如何科学发展的深层次问题，却也相当艰难。可以说，输配电价改革过程中每一步、每一个改革成果都凝聚着有关各方极大的改革智慧和心血。

6.1.1　输配电价改革取得的主要进展

一是建立规则明晰、水平合理、监管有力、科学透明的独立输配电价体系的改革目标基本达成共识。形成保障电网安全运行、满足电力市场需要的输配电价形成机制。还原电力商品属性，按照“准许成本加合理收益”原则，核定电网业务准许总收入和分电压等级输配电价，明确政府性基金和交叉补贴，并向社会公布，接受社会监督。健全对电网企业的约束和激励机制，促进电网企业改进管理，提高效率。

二是形成了试点先行、因地制宜、健全机制的改革原则。输配电资产庞大，结构复杂，历史遗留的问题多，各地情况千差万别。坚持试点先行、积极稳妥的原则，在条件相对较好、矛盾相对较小、地方政府希望先行的地区开展试点，逐步扩大试点范围，确保改革平稳推进。考虑到各地区实际情况，允许在输配电价核定的相关参数、总收入监管方式等方面适当体现地区特点。明确了电价改革，要制度先行，制订和完善输配电成本监审、价格管理办法，建立健全对电网企业的激励和约束机制，制度和办法要明确、具体、可操作。

6.1.2 输配电价改革亟须解决的问题

一是“建机制”和“控水平”均衡问题。中央政府更强调输配电价改革在于建立合理的输配电价机制。《国家发展改革委关于贯彻中发〔2015〕9号文件精神加快推进输配电价改革的通知》（发改价格〔2015〕742号）文件中即以明确在输配电价核定过程中，既要满足电网正常合理的投资需要，保证电网企业稳定的收入来源和收益水平，又要加强成本约束，对输配电成本进行严格监审，促进企业加强管理，提高效率。而地方政府在当前经济不太景气的情况下，更倾向于降低电价，以促进地方经济发展。第二批试点地区多数为资源省份，电网历年来承受了降低电价的压力，成本空间并不宽裕，甚至部分电网连年亏损，也毫无例外要求进一步降低电价。此外，在电力市场改革过程中，也出现了部分地方政策以降价为目的，干预大用户直接交易，变相进行电价优惠等做法，甚至个别地区，在输配电价改革还没有实施，配电价格如何制定还没有明确的情况下，单独划出一块价区实施优惠电价的情况，导致各项改革政策本身难以协调。

二是完善的输配电价体系建设问题。目前，社会各界对建立完善的输配电价体系的认识还不尽到位，普遍认为输配电价改革就是要单独核定输配电价水平，并能够用于电力市场运作即可，抛弃现行两部制、分时、力调等合理的价格制度，将导致电力资源使用的极大浪费，并影响电力系统安全稳定运行。从国际经验来看，电力市场化国家均建立了独立的共用网络服务价格、专项服务价格以及终端辅助服务价格等合理完整的输配电价体系，同时输配电价以两部制或者三部制为核心，进行较为细致的用户细分，同时允许用户自愿选择分时、可中断等价格制度。在高电压等级，还会采取节点法等反映位置信号的输配电价定价方式。当前我国输配电价体系尚不完善，没有独立的专项接入价、共用网络服务价格和终端辅助服务价格，难以满足市场化的要求。而建立科学合理的输配电价体系，需要综合考虑各种因素，是一项非常复杂艰难的工作，如果对建设完整的输配电价体系的认识不到位，将会极大的影响我国输配电价改革和电力市场化改革成效。

三是政府部门监管目标协同问题。目前我国对电网的监管职能分散于国家发展改革委、国家能源局、国资委等各个政府部门和专业监管机构，形成多主体管理的格局。由于各部门监管目标和侧重点不同，导致改革中部分监管政策难以协调统一。国家发展改革委是输配电价改革的牵头部门，从当前改革情况来看，考虑到宏观经济下行和改革红利的释放，本轮输配电价改革更多地侧重于对电网企业加强监管、成本约束和提高效率。国资委对电网企业主要负责人考核要求确保国有资产的保值增值，如果严控价格水平将影响到国资委保值增值的考核目标；国家能源局对电网企业的监管侧重于保证电能供应服务质量，承担普遍服务的职能和促进清洁能源发展等。严控投资和成本与提高电能服务质量、提供普遍服务和促进清洁能源发展等目标也存在一定的矛盾。

6.1.3 对下一步输配电价改革的主要建议

一是进一步统一思想，将改革目标统一到建立科学合理的电价机制上。改革的出发点和落脚点均应统一到建立科学的输配电价机制，在满足电网正常合理的投资需要，保证电网企业稳定的收入来源和收益水平基础上，建立约束与激励并存机制，单方面强调约束机制不仅不利于企业发展，还将影响电力市场的效率和电力用户的利益。

二是加快推动完善的输配电价体系建设。在省级电网输配电价改革试点基础上，进一步建立健全由省级电网共用网络输配电价、专项服务价格、辅助服务价格构成的输配电价体系。近期要尽快研究用户负荷率电价、电价交叉补贴的解决方法和途径以及有利于发电厂公平竞争的接入价机制。中远期则应进一步完善省级电网共用网络价格，在高电压等级上引入反映地理位置、输电阻塞等情况的价格信号，鼓励电源、用户合理选址，优化电网结构，提高整个电力系统的运行效率；专项服务价格，则应在用户侧出台接出价政策，促进公平负担；辅助服务价格，要引入市场竞价机制。

三是进一步加强国家和地方，以及政府各级部门的横向和纵向统筹衔接，分解落实相关部门在电力改革工作中的责任。纵向上建立问题的反馈和纠偏机制。考虑到电力体制改革工作的复杂性，为有效防范改革风险、避免改革出现反复和偏离初衷，各省在制定电力体制改革试点方案和改革实施的过程中，需要进一步加强工作联系、健全工作机制，主动与国家有关部门进行沟通汇报，及时发现和纠正可能存在的问题，做到上下贯通，形成合力，确保 9 号文及其配套文件的贯彻落实和有效实施。横向上要建立各部门间协同机制。根据改革配套文件中明确的各部门职责分工，加强国家发展改革委、国家能源局、国资委等监管政策的统筹衔接，分解落实相关部门在电力体制改革和输配电价改革过程中的责任。从本质上来看，电力体制改革要与政府行政管理体制改革相配套，政府机构设置与职能分工应本着精简、效能、统一的原则，降低监管成本、提高社会效率。此外，努力营造一种相互信任的氛围也很重要。只有政府部门之间、各级政府之间、企业与社会和政府之间有一种互信的氛围建立，大家才能同心协力，共同推进输配电价改革，才能使改革走得更快、更稳、更有成效。

6.2 英国 RIIO 管制模式介绍及启示

英国燃气与电力管制办公室（OFGEM）对燃气及电力的输配企业实行基于价格上限管制的 RPI-X 体系 20 年后，社会环境及燃气与电力行业发生巨大变化，为了应对能源工业当前和未来的挑战，OFGEM对能源网络业务管制采用了新的 RIIO 模式。目前，我国新电改启动后，输配电企业管制模式也发生了深刻的变化，探索英国管制模式的经验可为我国提供借鉴。

6.2.1 RIIO 模式主要框架

RIIO 管制模式的框架如图 6-1 所示。该模式依据评估后的成本和回报率等收益参数确定基本收入，由此确定管制价格上限，并且在

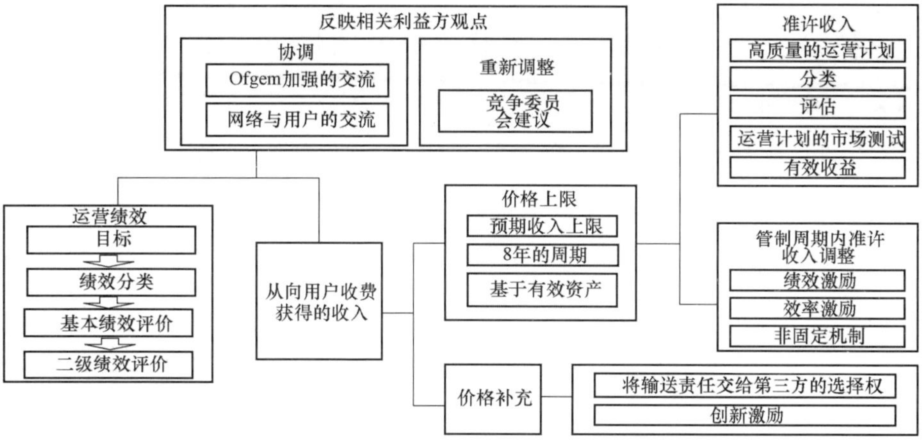

图 6-1 RIIO 管制模式的框架

管制周期内还给予企业运营绩效、效率激励以及一些非固定机制调整价格。此外，第三方经营输配业务的回报、创新激励不计入上述管制价格上限，但仍从用户进行回收。对于企业的运营绩效，以及向用户收取的费用，充分考虑相关利益方的观点，并且竞争委员会可以提出调整收费的申请。

下面对主要模块进行具体说明。

(1)“反映相关利益方观点”模块。该模块主要指 OFGEM 以及网络企业加强与各方的交流，包括 OFGEM 加强与相关利益方（如环境保护组织、投资者、供应商等）的交流，网络企业加强与用户之间的交流，充分听取各方意见，并根据竞争委员会提出的调整用户费用申请调整管制价格。与该模块直接相关的模块是“运营绩效”“从向用户收费获得的收入”模块，这两个模块的内容需要通过与 OFGEM 规定的社会各方充分协调。

(2)“运营绩效”模块。该模块主要规定企业运营绩效目标，并对企业运营绩效进行评价，将评价结果纳入准许收入调整参考。

本模块规定企业运营目标为：持续高效供电、对现有及新增用户提供长期有价值的网络服务，并将管制期内的运营绩效（产出）分为六类：用户满意度、安全性、可靠性与可用性、接入网络的条件（主要是时间）、环境影响、社会责任。上述绩效分解成基本绩效和二级绩效。基本绩效是能源网络企业用户对上述 6 类运营绩效的基本要求，基本绩效对输电和配电企业的评价指标如表 6－1 所示。二级绩效包括运营绩效风险的管理、网络未来产生的绩效、技术与商业创新三方面。二级绩效的主要评价指标包括长期项目历史意义、资产健康指标等。

表 6-1 配电和输电评价指标

运营绩效目标	配电评价指标	输电评价指标
用户满意度	反映用户和网络使用者体验的广泛测评，定性调查证据	
安全性	符合安全健康组织相关规定，顺应公众安全的要求	
可靠及可用性	用户中断次数，用户失电时间或失电量	失电量，限电程度
接入状况	接入发电节点的时间，接入负荷节点的时间	接入发电节点的时间，接入负荷节点的时间
环境影响	碳排放量；低碳机组发电比例；其他排放量；可见的影响；对消费者节能的影响	碳排放量；低碳机组发电比例；其他排放量；可见的影响
社会责任	维护弱势群体	

(3) “从向用户收费获得的收入”模块。指依据“价格上限”和“价格补充”模块确定的价格确定向用户实际收费的费率，从向用户收费获取收入。

(4) “价格上限”模块。本模块规定对下一个为期 8 年的监管周期，基于有效资产预测收入，确定管制价格上限。该模块由“准许收入”模块、“管制期的准许收入调整”两个模块确定的收入及调整确定价格。

(5) “准许收入”模块。该模块主要指依据企业提交的下一监管期经营计划书，对能源网络公司进行初始评价与分类，再对每类公司的有效成本做出评估确定企业合理的有效成本，最后确定企业有效收益。

“高质量计划书”。指企业提供经营计划书，内容大致包括：下一监管期内的经营目标与路径、对应的运维成本及资产成本的预计情况；预期绩效（客户满意度、运行安全、环境影响、社会责任等）；

融资计划；在遇到不确定情况时的处理措施；相关利益方的要求；与其他网络服务企业的协调发展等。

“分类”。根据利益相关方的意见及企业自身的经营计划书，对网络公司过去的业绩、未来业务规划的质量及成本对标进行粗评估，根据评估结果将网络公司分成 A、B、C 三类，对每一类公司再进行细评估，对于 A、B、C 三类公司，评估严格程度从松到紧。

“评估”。评估工具从简单到复杂依次包括：检查和重评估典型项目计划、复查企业计划的证明材料、国际对标、单位成本对标、计划任意内容的抽查、资产重置方法的重评估、资产寿命分析、市场测试证明等。在评估时可以采用单个工具或多个工具组合。此外，还使用信息质量激励（IQI）降低企业预计的成本与 OFGEM 评估的成本之间的差异。

“企业计划的市场测试”。企业可以选择是否进行市场模拟测试评估，OFGEM 也有权要求一些企业进行市场模拟测试评估。

“有效收益”。采用 WACC 确定准许回报率，其中，债务成本参考企业长期实际值确定，权益成本采用资本资产定价模型（CAPM）确定。定价折旧率按资产经济寿命周期考虑。有效资产，监管机构允许企业将一定比例的成本计入企业有效资产。

（6）“管制期的准许收入调整”模块。该模块设定了运营绩效激励、效率激励、非固定机制对准许收入进行调整。

“运营绩效激励”包括两类：一类是金融激励，高于或低于运营绩效基本评价指标时，对收入进行相应地奖励和惩罚性调整，调整的方式主要有两种，一是对企业管制收入进行调整，二是直接对企业进行奖励或惩罚。另一类是名誉激励，建立企业运营绩效良好记录的跟踪，提高企业价值。

“效率激励”主要采用 IQI（information quality incentive）机制，

该机制将使能源网络公司获得额外的财务奖励，以激励其投入更多时间和资源提供高质量的业务发展计划及相关信息。同时，促使能源网络公司在 8 年的管制期内，不断依据新的信息和环境变化找出最佳方式调整其运营策略，以较低成本实现管制目标。财务奖励系数因公司而异（在 40%～50%之间），主要取决于其预测的成本费用需求与 OFGEM 评估的成本费用之比率。财务奖励系数将随着各公司预测水平的提高而下调。在一个管制期内，如果给定能源网络公司财务奖励系数是 40%，其实际成本与核定的成本相比，节约的 40%留给公司，超支部分的 40%由其自身承担。节约或超支部分的 60%将在下一监管周期通过降低或提高网络价格来实现。

“非固定机制”，对企业无法控制的不可避免突发事件设置不固定的调整机制。该机制仅处理公司掌控之外的价格不确定性和量的不确定性因素导致的成本费用显著变化问题。主要包括三类：一是按事先确定的规则自动确定准许收入调整额度，主要是物价变动、业务活动量（如接入网络数量）变化、特定业务取消等因素引起的准许收入调整；二是针对可能发生的事项通过申请对准许收入的调整，如用户负荷超过某一特定标准引起的费用增加、计划外的风电接入系统引起网络加强成本增加；三是事后的准许收入调整，如需要转移支付的成本（含管制机构的收费变化）、管制机构确定的需要在下一管制周期回收的成本费用，以及管制机构确认的无法通过竞争标尺比较的新活动业务产生的成本费用。

(7) “价格补充” 模块。该模块主要对不计入价格上限的收费进行了补充，包括第三方经营输配业务、创新激励。

“网络公司将输送业务交给第三方的选择权”。当项目的规模或成本非常大时，网络公司可以以招标的形式将部分输配资产移交给获得许可的第三方运营，或由获得许可的第三方投资建设并运营部分输配项目。这类项目的收入通过提高向用户收费的价格获得。

“创新激励”。该模块将为网络公司的创新提供部分资助，可用于研发、试验和试点的任何阶段。创新资助需要通过竞争获得，其获得的资助不包含在准许收入内。能源网络公司和其他公司均可以参与竞争。创新资金来源于共用网络使用费，各网络公司由用户收取的这部分费用可跨公司使用。从用户侧获得的创新资金上限由管制机构确定。

6.2.2 RIIO 模式主要特点

RIIO 管制模型继承了 RPI-X 模型中的精华，仍实行价格上限管制，同时进行了一些重大调整以应对低碳能源发展的未来及能源领域的创新趋势。总的来说，RIIO 的特点主要有如下几点。

（1）管制目标清晰。从能源工业面临的挑战角度，充分考虑网络公司在能源可持续发展中的作用，管制的两大目标十分明确，并贯穿管制评估和实施的全过程。新的监管目标已经从过去主要降低成本为主，转向应对能源工业新挑战的多目标管制。用户满意度、安全性、可靠性与可用性、接入网络的条件、环境影响、社会责任已成为关注重点。

（2）该模式的设计鼓励网络公司考虑长远发展。8 年的业务规划必须充分考虑服务能源行业可持续发展、网络资产面临的风险，以及为现有和未来用户提供网络服务的不确定性。为了处理这些不确定性，该模式不仅鼓励网络公司详细研究业务规划，还考虑了不确定性处理机制，并可对准许收入做出相应调整。

（3）鼓励网络公司创新。管制框架提供了多种激励机制，提升网络公司创新的内在动力。该框架不仅鼓励技术创新，也鼓励运行实践创新、业务结构创新、融资安排创新和商业模式创新等，为实现管制目标提供有效途径。

(4) 广泛应用评估工具提升监管的科学性。监管机构在各个评估阶段采用了大量有效的评估工具，如对网络公司业务发展规划合理性的评估工具、成本评估工具、财务能力模拟工具等。

(5) 引入第三方参与评估提升了监管的客观性。监管机构设定程序，邀请能源网络利益相关方和竞争委员会参与评估，在透明的监管框架下进一步提升评估的客观性和各方利益的平衡性。

(6) 对电网公司实施加速折旧政策应对新挑战。为了应对可再生能源和智能电网技术发展面临的挑战，电网固定资产折旧年限由 40 多年缩短至 20 年，改善其现金流和投资能力。

6.2.3 对我国的启示

结合英国 RIIO 模式和我国国情，对我国输配电价的核定机制的启示有以下几点。

(1) 建立投资审核和服务绩效关联机制。目前出台的输配电价改革相关文件和试点方案均明确，经电力行业管理部门认定符合规划的包括线路、变电设备以及其他与输配电业务相关的资产才能计入输配电准许收入。为了合理核定计入有效资产的投资，保障电网企业未来正常运营，避免压减或放大电网企业实际投资需求，应建立投资审核和服务绩效关联机制，明确绩效内容和标准，将用户满意度、安全和可靠性、普遍服务、跨区输送能力等统筹纳入考核指标，并据此核定投资，使得投资规划的制定和审核都以长期的运营绩效要求为根据，有据可循。

(2) 建立与绩效关联的成本评估机制。政府出台了文件规范输配电定价成本监审行为，明确了输配电定价成本构成与归集、输配电定价成本核定方法，对成本有效性的评估并没有明确规定。需要建立基于绩效的成本评估体系，通过同业对标、资产全寿命周期评价等多种方式评估纳入定价成本的有效性，争取核价成本为保证电网企业服务质量目标下的最优成本安排。

(3) 建立投资偏差调整机制。输配电价改革试点方案中，深圳和蒙西试点方案都提到建立对实际投资支出与事前计划差异的调整机制，但后来出台的宁夏等地的方案取消了调整机制。对于电网企业的应急建设项目，将没有成本回收渠道。需要建立包括自然灾害等应急投资项目及政府指定性项目在内的计划外投资偏差调整机制。

6.3 国外分电压等级分用户类别定价实践及启示

根据中发 9 号文和输配电定价成本监审暂行办法（试行）规定，我国输配电价按照分电压等级分用户类别核定，这就要求采用合理方法确定各电压等级各类用户输配电价水平。国际上输、配电网一般分开定价，输电网不分电压等级定价，配电网则一般都考虑电压等级因素定价，因此，借鉴美英澳配电网定价的国际经验，可为我国分电压等级分用户类别定价提供借鉴。

6.3.1 国外配网管理体制

从世界各国电网看，输配电网都呈现了从低压电网、高压电网到超高压电网，从零碎电网、互联互通到统一电网的发展历程。这既是电力技术持续进步的体现，也是电力系统规模经济性显著、统一管理效率高等客观规律作用的结果。在配电管理上，主要采用分地域划定供电区方式授权运营。从了解的情况看，国外在大的配电网内部，也存在内嵌的小配电网，还有一些历史延续形成的电力合作社（类似于历史上的我国农村电管站）。典型国家配网情况如下。

美国。美国的配电企业数量众多，从所有者看：一是属于地方政府或当地消费者所有，如“市属公共电力公司”“电力管理局”“电力社区”等，旨在为本地居民以尽可能低的价格提供可靠的电力服务。大多为小规模的地区性配电公司，部分是发输或发输配一体化公司。

二是电力合作社。成立的目的是解决偏远农村地区的供电问题，享受政府低息或无息贷款。大多数是当地拥有的农村电力合作社，从事地区性配电业务，少数从事发电和输电业务。

英国。全国配电网络共分为 14 个区域，各区域由一家主要独立配电网络运营商（DNO）垄断经营，这 14 家 DNO 在产权上分别属于 7 个集团公司。此外，还有 5 家独立网络运营商（IDNO）拥有和运行内嵌在上述配电网络中的独立小型配网。

澳大利亚。全国有 16 家主要配电企业，其中 13 家在澳大利亚国家电力市场（NEM）地区。南澳大利亚、塔斯马尼亚和首都直辖区均只有一家主要的配电企业，昆士兰、新南威尔士和维多利亚州内部都有一家以上在授权各自区域内垄断经营的配电企业，配电线路总长度 75 万 km，为输电线路的 18 倍。维多利亚 5 个配电网络属于私人所有，南澳大利亚租赁给私人企业经营，首都直辖区的配电网络由政府和私人共同所有，昆士兰、新南威尔士和塔斯马尼亚的配电网络属于政府所有。

6.3.2 国外配电成本分摊的经验

国际上普遍对配电价格实行政府管制定价。在监管总收入前提下，部分国家允许配电企业自行确定价格形式及具体标准，报备后执行。确定准许总收入的方法，主要有“成本加收益”方式（如美国大部分州）和上限方式（包括价格上限和收入上限，如欧洲大部分国家和澳大利亚）。对美国、澳大利亚和英国配电成本分摊和价格制定情况总结如下。

（一）美国

美国主要采用“成本加收益”管制方式制定配电价，其价格制定步骤分四步：一是制定公用事业总的准许收入；二是计算总准许收入按不同动因的分摊比例；三是制定用户准许收入的分摊比例；四是将准许收入分摊到不同的用户。

成本分摊的指导性基础是基于用户引起成本发生的原因将成本分摊到用户，该规定由美国公用事业管制委员会国家协会（NARUC）制定。成本分摊过程主要分三步：一是功能化成本，将成本按发、输、配、售等环节进行分类。对于非一体化的公司，也根据资产功能进行分类。二是成本动因分类，按需求、电量或用户数量等成本动因进行分类。三是将成本按用户类别进行分类。

以 RMP[1]（Rocky Mountain Power）为例，对于发电和输电的成本分摊，所有的固定成本 75%按需求分摊（这个需量是美国太平洋电力公司系统 12 个月尖峰负荷），25%按电量分摊（含损耗）。75%和 25%比例的确定采用 0 截距法和最小规模法。

（1）截距法。配电系统每一个设备组成有一个容量率和相关成本，大设备有更高的容量率和成本。根据设备的安装成本和容量，通过线性回归方法进行拟合，与纵坐标的截距表示 0 截距，用设备数量乘以 0 截距对应的安装成本，得到与用户相关的总成本，用该成本除以总的安装成本，得到与用户相关的分摊比例。

用斜率对应的需量成本，乘以设备数量，得到与需量（KVA）相关的总成本，用该成本除以总的安装成本，得到与需量相关的分摊比例。

（2）最小规模法。最小规模法假定最小配电系统建立能够满足用户最小负荷需求。因此该方法按照最小单位成本确定总容量成本，该容量成本占实际成本的比例即为与用户相关的成本，差额比例为与需量相关的成本。

---

[1] Rocky Mountain Power 归属于美国太平洋电力公司（Pacific Corp），为爱达荷州、犹他州和怀俄明州提供输配电服务。

RMP配电成本分摊主要采用以下四步：第一步，根据美国统一会计制度，将成本归集到发电站等主要设备以及相关的土地和土地所有权、杆塔等设备、架空线传导设备以及地下电缆设备、线路和变压器、服务、计量和路灯照明系统等；第二步，成本动因分类，如按需求、电量或用户数量成本动因进行分类。发电站等主要设备以及相关的土地和土地所有权主要与需量相关，服务、计量和路灯照明系统主要与用户数量相关，杆塔等设备、架空线传导设备以及地下电缆设备、线路和变压器既与用户需量相关，又与用户数量相关；第三步，采用0截距法和最小规模法对既与用户需量相关，又与用户数量相关的成本进行划分；第四步，将成本按用户类别进行分类，与用户数量相关的，基于用户数量分摊成本，与需量相关的成本基于非同时高峰负荷（NCP）或12个月配电同时高峰负荷（12DCP）方法进行分摊。

（二）澳大利亚

澳大利亚输电网络采用分区节点定价方法，配电网络采用邮票法定价，一般性用户配电价格中包含输电价格，高压大用户价格水平体现位置信号。总体来看，澳大利亚对于输配电价格目前采用收入上限管制方式。价格的制定过程包括公用事业公司总的准许收入制定、计算总准许收入的分摊比例、将准许收入分摊到不同的用户。

共用网络配电准许收入，包括资产回报、折旧、税金（评估）、效率收益分享机制、服务目标绩效激励机制和需求管理激励机制带来的收入增加或减少、上一管制期控制机制带来的收入增加或减少、特殊事项引起的收入增加或减少、预测的运营支出调整等。

采用配电成本模型（distribution cost of supply model，DCoS）将总准许收入分摊至电压等级和用户。

第一步：将总准许收入分摊到资产等级（asset classes），以反映效率和成本。其中：资本回报按照资产净值比例分别分摊到配电服务网络资产、共用服务网络资产以及接网服务网络资产等三类资产中；管制折旧的分摊按固定资产原值比例分别分摊到配电服务网络资产、共用服务网络资产以及接网服务网络资产等三类资产中；运行维护成本的分摊基于资产的剩余寿命，分摊到配电服务网络资产和共用服务网络资产中；税金和调整项的分摊，先按照运行维护费、回报和折旧三项占总准许收入的比重，分别分摊到运行维护费、回报和折旧中，再按照运行维护费、回报和折旧的分摊方法分摊到资产中。

输电费完全分摊到各资产分类中，输电费的计算采用分区节点定价模型。

第二步：分摊到用户。基于反映效率和合理负担成本的原则，将已经分摊到资产的成本进一步分摊到用户。采用动因分摊。动因主要包括：用户数量、任何时间的最大需量（ATMD），以及电力消费量。

输电资产、二次输电网络资产以及区域变电站资产相应成本的典型驱动因素是用户对网络的最大需量，因此，相应的成本基于ATMD分摊到用户。

高压资产成本由网络需求和用户数量共同驱动，基于ATMD和用户数量分摊到各类用户。对于城市用户，60%的高压网络成本基于ATMD分摊，40%的高压网络成本按用户数量分摊；郊区用户，20%的高压网络成本基于ATMD分摊，80%的高压网络成本按用户数量分摊。

配电变压器资产成本分摊给除高压侧用户和低压电压等级大于300kVA用户以外的其余用户，60%按照需求分摊，40%按用户数量分摊。

低压电网资产成本分摊给除高压侧用户和低压电压等级大于300kVA用户以外的其余用户，25%基于需求，75%基于用户数量。

共用服务资产成本分摊给所有用户，其成本的50%基于ATMD分摊，50%基于用户数量进行分摊。

接网资产相应的成本根据典型的接网结构分摊给用户。

（三）英国

配电价格管制上：英国对配电价格监管一开始采用价格上限模式，最初每年根据通胀率和激励因子（即：RPI-X）调整一次，效率因子平均为1.1%。从1995年4月开始拉长监管周期，并在每一个周期重新确定第一年的初始值，初始值的确定考虑各企业历史成本，使用户能够分享上一周期企业成本效率提高带来的收益；每一周期重新调整效率因子，使准许收入的确定与生产率联系更加紧密。从第4个周期以后改为控制总收入，每隔5年重新设定一次，分别决定每一家配电公司的最高准许收入，满足其有效运行条件下的成本需求，同时采取措施激励配电企业创新和提高效率。

配电定价方法上：根据配网连接与系统使用协议[1]（Distribution Connection and Use of System Agreement，DCUSA）规定，配电费计算方法根据用户电压等级的不同可分为普通配电收费方法（Common Distribution Charging Methodology，CDCM）和超高压配电收费方法（EHV Distribution Charging Methodology，EDCM）两类。其中EDCM方法主要适用于电压等级22kV以上的配网用户。

对于普通配电收费方法，基本流程包括以下几步：

步骤1：成本分析。包括：一是确定配网不同部分的成本或准许收入；二是收集配网用户相关特性信息（包括网络数据、资产和运营

---

[1] 该协议是配电公司、售电公司和发电公司之间共同签订的多边协议。在协议中规定了配电公司为配网用户（包括售电公司、发电公司和其他配电公司）所提供的服务范畴，配网用户应该承担的责任，配网使用费的计算和结算办法，其他成本费用承担原则等。

成本、用户数据、负荷预测、许可收入预测等）。

在分析配网不同部分的成本或准许收入时，配电网络运营商需要使用配电网增强成本模型（DRM），对配网资产价值进行建模。配网模型资产（network model asset）将明确，各个电压等级下，基于最大同时负荷情况下的£/kW/year 价格，与资产相应的摊销和资本回报相对应。

DRM 标准下对配网资产建模，理论上是设计一个虚拟配电网作为现有网络的延伸，并对其进行成本核算。该虚拟配电网的设计标准应满足在每一电压等级下，上推至单个电网电源点（individual grid supply point，GSP）同时最大负荷为 500MW 情况下，提供安全的容量。其中使用的资产设备应是配电网络运营商在新建资产时通常所使用的现代等效资产（modern equivalent assets）。不同资产的选取原则（例如使用架空线还是地缆），应考虑配电网络运营商配电区域的地理拓扑和用户类型。成本估算应包含总采购成本和安装成本。

除了建立 DRM 标准下的配网资产模型，配电网络运营商还需要明确 132kV、EHV 和 HV 电压等级的变电能力冗余量（diversity allowances），即下级变电站最大负荷之和与上级变电站最大变电容量之比；明确服务类资产价值，建立服务模型资产（service model asset）。此外还有用户贡献（customer contributions）、输电网支出（transmission exit expenditure）和其他支出［other expenditure，等于 100％直接运营成本＋60％间接成本＋100％网络费（network rates）］。

在配网用户相关特性信息方面，DNO 需要收集以下内容：峰谷电价的时段安排、负荷特性（包括负荷率、负荷同时率等）、网损、峰值概率（在某个峰谷时间段内出现最大负荷的可能性）、功率因数、电量预测、允许收入预测等。

步骤 2：成本分摊。分摊主要是要反映配网中不用电压和变电等级相对应的成本，同时还要区分与资产相关的成本和与运营相关的成本。利用配网资产模型，得到各电压等级的单位成本（£/kW/year）后，将按各电压等级对系统最大同时负荷贡献程度的不同，计算度电标杆电价。对于负荷侧用户还需要将其度电价格根据英国电力与天然气市场管制委员会（OFGEM）制定的分摊比例，将度电价格分解出容量电价（p/kVA/day）或固定电价（p/day）。

最后计算无功电价，配电运营商需要分析其配网运行数据，计算得到各电压等级平均 MVAr/MVA 比例。无功电价单价就等于度电标杆电价的绝对值乘以功率因素再乘以 MVAr/MVA 比例。

将上述计算得出的度电标杆电价、容量电价、固定电价和无功电价相组合，再结合配电运营商峰谷电价时段、用户分类等规定，即可得到不同参考电价。需要注意的是此步骤得出电价的资本回报部分是考虑在现有配电网上连接一个新建的虚拟配网计算得出的，与历史成本法有着显著区别。

步骤 3：收入匹配。主要是对步骤 2 计算得到的价格组成进行调整，使得配电运营商通过 CDCM 方法得到的收入与其监管收入相符。

配电运营商将使用其预测配电量，来估计通过步骤 2 得出的各种电价计算得到的收入值。如果配电运营商有 EHV 用户，使用 EDCM 法定价，这部分定价计算得出收入也计入合计收入预测值中。如果配电运营商预测的允许收入超过了上述收入预测值，其差额被称为缺额（shortfall），如果收入预测值大于允许收入预测，其差值被称为盈余（surplus）。

缺额和盈余都需要进行再分摊，分摊方法可以理解为配电运营商以£1/kW/year 为步长，逐步增加输电网支出（transmission exit）的千瓦单价并传导到所有负荷侧用户的配电单价上，每增加£1/kW/

year 就再算一次预测收入，直至预测收入与允许收入相等为止。

实际计算时配电运营商首先将输电网支出（transmission exit）千瓦单价缩放至￡1/kW/year，可计算得到一个缩放因子（即 1/原输电网支出单价）。该缩放因子与输电网支出的度电标杆电价相乘可得到各种用户类别的可缩放价格（scalable part）。直接利用预测电量和可缩放价格，可以计算出一次缩放调整对预测收入的影响程度。

通过多次计算（实际上是求解一个简单线性规划问题），配电运营商可以得出对每类用户，在原定的输电网支出单价上加上或减去多少，可以消除缺额和盈余。最终负荷侧配电价将由步骤 2 得出的电价＋调整量组成，而发电侧配电价则不含收入匹配的参量。

步骤 4：价格控制分解机制。使用价格控制机制，利用实际和预测的支出数据计算终端用户配电价格折扣比例，进而得出独立配电运营商（LDNO）向配电运营商购电的配电价格。步骤 4 与之前的步骤是相独立的，某些情况下可能在步骤 1 之前就进行计算，计算结果成为步骤 1 的输入量。

CDCM 法计算得出的配网电价由表 6 - 2 中的构件组成。

表 6 - 2　　CDCM 法配网电价组成

电价构件	计算单位	说　明
1、2 或 3 段单位电价	p/（kW•h）	依用户类型执行不同的峰谷电价
固定电价	p/天	通常按关口电表进行收费
容量电价	p/kVA/天	只对每半小时计量的用电负荷收取
无功电价	p/（kvar•h）	只对每半小时计量的负荷收取

其中以 p/kWh 和 p/（kvar•h）计价的，单价保留小数点后三位；以 p/天和 p/kVA/天计价的，单价保留小数点后两位。最终针对某一类用户的结算电价，将是以上四类电价构件的组合。在实际应用中，一家 DNO 针对售电公司、发电公司和其他配电公司等不同用户可能制

定多达 58 种结算电价。

对于超高压配电收费方法，基本流程包括以下几步：

步骤 1：计算边际成本。将电网按照技术、地点和运行特性分为不同的网络组，按照边际成本分别定价。采用负荷数据和网络数据，对未来的网络加强成本进行预测，利用电力流模型，采用 LRIC 或 FCP 方法决定特高压电网的边际成本。

步骤 2：成本分摊。根据一定的成本驱动因素将成本分摊到各电压等级及用户。

步骤 3：收入匹配。主要是对步骤 2 计算得到的价格组成进行调整，使得 DNO 通过 EDCM 方法得到的收入与其监管收入相符。

步骤 4：制定对其他 DNO 和 LDNO 配电价格。使用价格控制机制，利用实际和预测的支出数据计算终端用户配电价格折扣比例，进而得出 LDNO 配电价格。步骤 4 与之前的步骤是相独立的，某些情况下可能在步骤 1 之前就进行计算。

6.3.3 对我国的启示

一是分电压等级分用户类别核定输配电价符合国际通行的做法，有利于与电力市场化改革相衔接。从国际典型的电力市场化国家来看，其输配电价的核定均体现了按照电压等级划分，部分国家如美国和澳大利亚，虽然按照电压等级进行成本分摊并不十分显性化，但其用户分类上也体现了按照电压等级划分的意思。通过国际经验来看，分电压等级分用户类别核定输配电价有利于促进电力市场的公平竞争和用户的公平负担。

二是可采用多种方法将成本分摊到电压等级和用户类别。国际上典型国家多是采用先归集后分摊的方式将总成本分摊到各电压等级和各类用户。如美国根据其统一会计制度将输配电成本进行功能化划分，直接归集到资产分类中；澳大利亚将核定的总准许收入分为准许回报、折旧、运行维护成本、税金和调整项，按照固定资产原值或净值分摊到各类资产中；英国的直接和间接成本直接分摊到电压等级和用户，与资产相关的成本采用模型定价。我国目前的成本归集情况仍远远不能满足定价和监管的需要，为适应改革和监管的需要，建议根据资产和成本的属性，对于能够直接辨识电压等级的成本应直接归集到电压等级。对于难以直接辨识电压等级的共用成本，可采用合理的分摊方法进行分摊。同时，我国输配电价改革可参考典型国家采用的基于动因分摊到用户的做法，根据需量、电量和用户数量等动因进行成本分摊。

三是采用反映位置信号的定价方法对高电压网络进行定价。国外典型国家对高电压网络多采用反映位置信号的定价方法，如澳大利亚配电网络高电压等级大用户采用分区节点定价方法，英国配电网中的超高压采用边际成本定价的办法，这种区分电网技术特性和位置特性的定价方法，有利于传递正确的价格信号，反映各区域电力资源供求状况，合理引导投资。

四是定价的过程中需要权衡资源优化配置目标和定价机制的简单易操作性。从国际经验来看，输配电价定价过程需要权衡资源优化目标和政策简单易操作性，如澳大利亚对于配电网定价采用邮票法；英国对于普通的高压和低压，考虑到用户对价格的弹性远低于超高压，计算价格的时候不考虑位置信号，而致力于使定价机制简单，易于操作。

五是用户的输配电价采用多种计价形式。如澳大利亚用户的配电价中包含配电公司支付的输电价，配电价和输配电计价形式包括固定费用、分时电量电价、容量电价和反映位置信号的特殊需量电价；英国输配电价包括固定费用、电量电价、需量电价和无功收费；美国输配电价包括固定费用、电量电价和需量电价。我国输配电价改革也应建立多种计价形式的输配电价，以充分发挥价格信号作用。

6.4 国际上地区间电价交叉补贴模式介绍

国际上地区间交叉补贴，指的是国际上一国内部，不同的配电区域间，不同的配电区域供电成本差异较大，但由于承受能力限制或者政治因素考虑，均执行统一电价政策，从而形成了不同的配电公司之间补贴和被补贴的交叉补贴关系。目前国际上地区性电价交叉补贴的模式主要有以下几种：配电公司之间直接进行转移支付；低成本电源分配；输电差别定价；私有化差别定价。以下对每种模式和典型案例进行分析。

6.4.1 配电公司之间直接转移支付

配电公司之间转移支付是指通过向低供电成本地区用户征收电价平衡附加形成电价平衡基金，再支付给入不敷出的高成本配电公司实现转移支付。该模式不足在于配电公司有夸大成本的冲动，没有提高效率节约成本的动力。

案例一西澳大利亚

历史上，西澳大利亚州的电力工业由政府所有的垄断电力企业国家电力公司供电。2003 年，政府启动改革，其中之一是将国家电力公司分拆为四个独立的政府所有的电力企业：Synergy：负责 SWIS（South West Interconnected System）区域内的电力零售业务；Horizon Power：负责 SWIS 区域外的发电、输电和售电业务；Verve Energy：负责 SWIS 区域内的发电业务；Western Power：负责 SWIS 内输配电网络的运维和扩展。

政府实行统一电价政策，适用于所有由 Synergy（SWIS 区域）和 Horizon Power（地区性用户）供电的居民和小型商业用户。Horizon Power 用户的电价和 SWIS 区域用户的电价水平接近，但是其供电区域偏远，供电成本要远高于从支付统一电价的用户所回收的收入。

地区间交叉补贴的体现：西澳大利亚的统一电价政策通过设立电价平衡基金，实现电力公司之间的转移支付来支撑。电价平衡基金向 Horizon Power 提供补贴，以补偿其成本和实际收入之间的差额，即以下两者的差额：对 SWIS 区域以外用户供电的有效成本，以及通过向 SWIS 区域外用户以统一电价售电所回收的收入。

6.4.2 低成本电源分配

这种模式首先计算在国家的统一电价政策下，每个配电公司的收入情况。然后预测发电成本，并据此对电源进行排序。最后直接将不同成本的电源，根据配电公司的收入情况，分配给配电公司或者通过某种金融补偿机制进行分配。这种模式避免了配电公司之间的转移支付，但不一定有足够的低成本电源可用，而且机制可能很复杂，对发电部门存在不合理的干预（对竞争效率和投资决策都有影响）。

案例一苏格兰

苏格兰北部地区人口稀少，供电成本高，但是电源成本低，主要为水电。该地区的主要电力公司为 HYDRO-ELECTRICI（现在的苏格兰电力和南部电力），HE 在私有化的时候，保留了垂直一体化。

HE 对其用户收取和苏格兰其他地区一样的电价水平，其输配电业务由于供电成本高和电价水平低而亏损。根据许可证条款规定，HE 由低成本水电补贴高成本输电和配电业务，这种“水电收益”的交叉补贴水平设定在每年补贴配电 2900 万英镑，补贴输电 1100 万英镑。交叉补贴会随通胀水平调整。

这种机制可以使得 HE：对其用户收取和苏格兰其他地区一样的电价。使得其低成本的水电发电成本加上了交叉补贴，使得其发电成本和其他电厂更有可比性，并可以参与批发电力市场。通过对发输配业务的财务隔离和事前决定交叉补贴，保留了对提高运营效率的激励。

案例—印度德里

印度德里电力行业重组后，原来上下游一体化公司拆分出两个发电公司，IPGCL（Indraprastha Power Generation Company Limited）和 PPCL（Pragati Power Corporation Limited），一个输电公司 DTL（Delhi Transco Limited），以及四个配电公司，即 BRPL（BSES Rajdhani Power Limited），BYPL（BSES Yamuna Power Limited），NDPL（North Delhi Power Limited）以及 NDMC（New Delhi Municipal Council）。

2007 年，印度德里电力行业重组，购电责任从输电公司转移给配电公司，需要由 DERC（德里电力管制委员会）代表政府对已有输电公司的购电合约在配电公司之间重新分配。DERC 在条令中明确：州政府在分配电源的时候，考虑配电公司不同的负荷特性以使得不同类型的用户在州内价格保持一致。

委员会对电源的初步分配如下： NDMC 和 MES 将分别从 BADARPUR TPS 获取 350MW 和 50MW 的份额；除了 TPS，NCR DADRI TPS，IPGCL 和 PPCL 的现有和未来容量之外，所有其余的装机容量，按照电力拆分之日起到 2007 年 2 月为止其给三大配电公司送电的比例确定。对于 NCR DADRI TPS，IPGCL 和 PPCL，只有 85％的发电容量按照以上规则分配给三大配电公司。而对于 BADARPUR，仅在其给 NDMC 和 MES 送电之后剩余容量的 85％才按相同规则给三大配电公司分配；NCR DADRI TPS，IPGCL 和 PPCL 的 15％装机容量，以及 BADARPUR TPS 给 NDMC 和 MES 分配后剩余的 15％容量将被视为未分配部分，类似于中央部门对中央部门装机的处理。这 15％的装机容量将由德里政府自由处理，很可能会分配给由于购电合约重置后用户价格相对较高的配电公司。这部分电厂的价格受到管控，其价格低于通过双边协议确定的发电价格。如果在指定期间内这部分容量没有分配出去，则会按照之前的比例再分配给三大配电公司。政府也可能利用这部分装机容量来应对在德里的NCT的任何特定区域出现的紧急情况，如果任何配电公司的容量出现富裕，则应该第一时间提供给三大配电公司的其他配电公司。

6.4.3 输电差别定价

该模式适用于存在统一的购售电输电公司的情况下，其实现形式是，不同供电成本的配电公司之间由于执行统一电价政策，盈利情况不一样。政府为了保持配电公司的正常运营，会使输电公司对供电成本高的配电公司制定低电价，反之亦然。该模式不足在于输电公司存在收入缺口风险，不利于配电运营效率的提高。

案例—印度德里

印度德里电力行业重组后，原来上下游一体化公司拆分出两个发电公司，IPGCL（Indraprastha Power Generation Company Limited）和PPCL（Pragati Power Corporation Limited），一个输电公司DTL（Delhi Transco Limited），以及三个配电公司，即BRPL（BSES Rajdhani Power Limited），BYPL（BSES Yamuna Power Limited）和NDPL（North Delhi Power Limited）。

印度德里的电力行业结构是，输电公司DTL负责统一向所有电源购电，再统一销售给三个配电公司，配电公司对用户实施统一电价政策。三个配电公司之间的成本差异较大，因此统一电价政策的实施就使得盈亏不均。

印度德里处理地区间交叉补贴的方式，主要是通过对三个配电公司制定差异化的发输打捆电价来实现。政府通过对配电公司制定差异化的打捆电价（BULK SUPPLY TARIFF）来实现三个配电公司之间的交叉补贴。打捆电价由电力监管委员会来制定。

电价制定方法：输电公司根据每个配电公司的支付能力决定其打捆电价。决定支付能力的第一步，是计算配电公司的成本加收益的准许收入。然后根据预测的实际收入，减去准许收入，剩余的部分被认为是可用于向输电公司购电空间，然后这部分金额除以配电公司所需电量，即得到打捆电价。因此，每个配电公司的打捆电价有差异，并且在大多数情况下，低于输电公司 DTL 为其供电发生的成本。

打捆电价＝（预测实际收入-准许成本-权益回报）/配电公司需求电量

因此，输电公司 DTL，通过向三个配电公司根据支付能力定价并获取收入后，和其自身准许收入之间的缺口，由国家首都区域德里政府 GONCTD（Government of National Capital Territory Delhi）提供额外的补贴。

政府对输电公司补贴＝输电公司的准许成本＋购电成本－ sum（打捆电价×售出电量）所有配电公司

6.4.4 在私有化过程中市场定价

这种模式是在**对不同供电成本的配电公司进行私有化的时候，竞标者支付的价格反映未来国家统一电价政策制度对不同配电公司造成的收入差距**。这种机制透明，执行成本相对较低，可以避免未来的转移支付，但是需要投资者对政府对未来国家统一电价水平和电价政策预测的信任。

案例—澳大利亚维多利亚州

该州配电公司之间成本差异很大。统一电价政策的设置使得配电公司虽然作为一个整体能回收成本，但其中部分配电公司盈利，部分配电公司亏损。

维多利亚州在 1994 年对五个配电公司实行私有化。在私有化过程中，政府会将配电公司的成本信息，以及统一电价政策之后政府逐步放开电价的计划在私有化拍卖之前告知投资者。因此，投资者对每个配电公司支付的价格，反映了每个配电公司未来在既定的电价政策情况下的盈利情况。如盈利前景较好的配电公司，投资者支付的私有化价格较高，反之亦然。

但是在这个过程中，需要投资者对政府的信息和未来电价计划的执行有高度的信任，如果不信任，则投资者的竞标价格将会反映未来政府政策变动对其投资收益造成的风险，从而会大大低于可交易水平，会对私有化造成障碍。

附录 1　各国货币单位及汇率

国家（地区）	货币单位	2000 年	2001 年	2002 年	2003 年	2004 年	2005 年	2006 年	2007 年	2008 年	2009 年	2010 年	2011 年	2012 年	2013 年	2014 年
澳大利亚	澳元	1.727	1.935	1.841	1.542	1.359	1.313	1.328	1.195	1.198	1.282	1.090	0.969	0.966	1.036	1.109
奥地利	欧元	1.085	1.117	1.061	0.885	0.805	0.805	0.797	0.730	0.684	0.720	0.755	0.719	0.778	0.753	0.754
比利时	欧元	1.085	1.117	1.061	0.885	0.805	0.805	0.797	0.730	0.684	0.720	0.755	0.719	0.778	0.753	0.754
加拿大	加元	1.485	1.548	1.570	1.400	1.301	1.212	1.134	1.074	1.068	1.141	1.030	0.989	0.999	1.030	1.105
智利	比索	—	—	—	—	—	559.71	530.28	522.23	523.54	558.94	509.98	483.42	485.98	495.28	570.64
捷克	捷克克朗	38.64	38.02	32.73	28.13	25.69	23.95	22.59	20.29	17.08	19.05	19.08	17.672	19.538	19.56	20.758
丹麦	丹麦克朗	8.088	8.321	7.884	6.577	5.988	5.996	5.943	5.443	5.099	5.359	5.622	5.357	5.790	5.618	5.619
爱沙尼亚	欧元	—	—	—	—	—	0.804	0.797	0.731	0.684	0.720	0.755	0.719	0.778	0.753	0.754
芬兰	欧元	1.085	1.117	1.061	0.885	0.805	0.805	0.797	0.730	0.684	0.720	0.755	0.719	0.778	0.753	0.754
法国	欧元	1.085	1.117	1.061	0.885	0.805	0.805	0.797	0.730	0.684	0.720	0.755	0.719	0.778	0.753	0.754
德国	欧元	1.085	1.117	1.061	0.885	0.805	0.805	0.797	0.730	0.684	0.720	0.755	0.719	0.778	0.753	0.754
希腊	德拉马克	1.069	1.117	1.061	0.885	0.805	0.805	0.797	0.730	0.684	0.720	0.755	0.719	0.778	0.753	0.754
匈牙利	福林	282.3	286.5	257.9	224.3	202.6	199.5	210.4	183.6	172.5	202.1	207.8	200.9	224.8	223.6	232.6
爱尔兰	欧元	1.085	1.117	1.061	0.885	0.805	0.805	0.797	0.730	0.684	0.720	0.755	0.719	0.778	0.753	0.754
以色列	谢克尔	—	—	—	—	—	4.487	4.457	4.109	3.585	3.927	3.731	3.574	3.850	3.609	3.577
意大利	欧元	1.085	1.117	1.061	0.885	0.805	0.805	0.797	0.730	0.684	0.720	0.755	0.719	0.778	0.753	0.754

续表

国家(地区)	货币单位	2000 年	2001 年	2002 年	2003 年	2004 年	2005 年	2006 年	2007 年	2008 年	2009 年	2010 年	2011 年	2012 年	2013 年	2014 年
日本	日元	107.800	121.5	125.3	115.9	108.1	110.1	116.4	117.8	103.4	93.57	87.76	79.71	79.81	97.6	105.85
韩国	韩元	1131.0	1290.0	1251.0	1191.0	1145.0	1024.0	952.0	929.0	1101.0	1275.0	1155.0	1107.0	1126.0	1095.0	1053.0
卢森堡	欧元	1.085	1.117	1.061	0.885	0.805	0.805	0.797	0.730	0.684	0.720	0.755	0.719	0.778	0.753	0.754
墨西哥	墨西哥比索	9.453	9.344	9.660	10.79	11.281	10.89	10.903	10.93	11.15	13.504	12.632	12.434	13.15	12.77	13.306
荷兰	欧元	1.085	1.117	1.061	0.885	0.805	0.805	0.797	0.730	0.684	0.720	0.755	0.719	0.778	0.753	0.754
新西兰	新西兰元	2.205	2.382	2.163	1.724	1.509	1.421	1.542	1.361	1.425	1.600	1.388	1.267	1.235	1.220	1.206
挪威	挪威克朗	8.797	8.993	7.986	7.078	6.739	6.441	6.415	5.858	5.648	6.290	6.045	5.605	5.815	5.877	6.302
波兰	兹罗提	4.346	4.097	4.082	3.888	3.651	3.234	3.103	2.765	2.410	3.119	3.015	2.962	3.252	3.160	3.154
葡萄牙	欧元	1.085	1.117	1.061	0.885	0.805	0.805	0.797	0.730	0.684	0.720	0.755	0.719	0.778	0.753	0.754
斯洛伐克	斯洛伐克克朗	1.535	1.605	1.504	1.220	1.070	1.030	0.984	0.819	0.709	0.720	0.755	0.719	0.778	0.753	0.754
斯洛文尼亚	欧元	—	—	—	—	—	0.804	0.797	0.731	0.684	0.720	0.755	0.719	0.778	0.753	0.754
西班牙	欧元	1.085	1.117	1.061	0.885	0.805	0.805	0.797	0.730	0.684	0.720	0.755	0.719	0.778	0.753	0.754
瑞典	瑞典克朗	9.161	10.338	9.721	8.078	7.346	7.472	7.373	6.758	6.597	7.653	7.202	6.489	6.769	6.513	6.860
瑞士	瑞士法郎	1.688	1.687	1.557	1.345	1.243	1.246	1.253	1.200	1.084	1.086	1.043	0.887	0.938	0.927	0.915
土耳其	土耳其镑	0.625	1.228	1.512	1.503	1.426	1.341	1.430	1.300	1.299	1.547	1.499	1.672	1.792	1.905	2.189
英国	英镑	0.661	0.694	0.667	0.612	0.546	0.550	0.543	0.500	0.546	0.641	0.648	0.624	0.631	0.640	0.607
南非	兰特	6.940	8.609	10.54	7.565	6.460	6.359	6.770	7.050	8.260	8.470	7.458	6.780	8.200	9.648	
中国	人民币元	8.279	8.277	8.277	8.277	8.277	8.193	7.973	7.610	6.950	6.830	6.807	6.465	6.313	6.193	6.143
美国	美元	1	1	1	1	1	1	1	1	1	1	1	1	1	1	1

附录 2 计量单位中英文对照

英文单位	中文单位
d	天
t	吨
L	升
m^3	立方米
MBtu	百万英热单位
Mcf	千立方英尺
kcal	千卡
kW	千瓦
kW•h	千瓦时
kvar	千乏

附录3 历年能源价格

1. 石油价格

附表3-1　　2000—2015年原油期货价格

美元/桶

项目	2000年	2001年	2002年	2003年	2004年	2005年	2006年	2007年	2008年	2009年	2010年	2011年	2012年	2013年	2014年	2015年
WTI	30.26	25.95	26.15	30.99	41.47	56.7	66.25	72.41	99.75	62.09	79.61	95.11	94.15	98.05	92.91	48.79
Brent	28.53	24.86	25.03	28.48	38.04	55.25	66.11	72.66	98.52	62.67	80.34	110.91	111.67	108.70	99.45	53.60

资料来源：WTI来源 http：//www.eia.doe.gov，Brent来源 Wind资讯。

附表3-2　　2000—2014年国际原油现货价格

美元/桶

国际原油	2000年	2001年	2002年	2003年	2004年	2005年	2006年	2007年	2008年	2009年	2010年	2011年	2012年	2013年	2014年
迪拜原油	26.20	22.81	23.74	26.78	33.64	49.35	61.50	68.19	94.34	61.39	78.06	106.18	109.08	105.47	97.07
布伦特原油	28.50	24.44	25.02	28.83	38.27	54.52	65.14	72.39	97.26	61.67	79.50	111.26	111.67	108.66	98.95
尼日利亚福卡多斯原油	28.42	24.23	25.04	28.66	38.13	55.69	67.07	74.48	101.43	63.35	81.05	113.65	114.21	111.95	101.35
西得克萨斯中质原油	30.37	25.93	26.16	31.07	41.49	56.59	66.02	72.20	100.06	61.92	79.45	95.04	94.13	97.99	93.28

资料来源：《BP世界能源统计2015》。

附表 3-3　　2000—2015 年部分国家（地区）原油现货离岸（FOB）价格　　美元/桶

国家（地区）		2000 年	2001 年	2002 年	2003 年	2004 年	2005 年	2006 年	2007 年	2008 年	2009 年	2010 年	2011 年	2012 年	2013 年	2014 年	2015 年
地区	平均	26.27	20.46	22.63	25.86	33.75	47.6	57.03	66.36	90.32	57.78	74.19	101.66	99.78	96.56	85.65	41.92
	波斯湾	24.72	18.89	23.38	25.17	33.08	47.21	56.02	69.93	91.44	59.53	75.65	106.47	105.45	100.62	94.03	46.20
	OPEC 国家	25.56	19.73	22.18	25.36	33.95	49.6	59.18	69.58	93.15	58.53	75.23	105.34	104.39	100.57	89.76	43.19
	非 OPEC 国家	26.77	21.04	22.93	26.21	33.58	45.79	55.35	62.69	87.15	57.16	73.24	98.49	95.71	93.67	82.95	41.23
国家	安哥拉	27.90	23.25	24.09	28.22	37.26	52.48	62.23	67.80	95.66	57.07	78.18	111.82	111.23	107.71	w	w
	哥伦比亚	29.04	24.25	24.64	28.89	37.73	51.89	59.77	67.93	91.17	57.90	72.56	100.21	106.43	101.24	80.75	47.21
	墨西哥	25.39	18.89	21.60	24.83	31.55	43.00	52.91	61.35	84.61	56.47	72.46	100.90	101.84	98.40	86.55	44.76
	尼日利亚	28.70	24.85	25.38	29.40	38.71	55.95	65.69	76.64	102.06	64.61	80.83	115.35	114.51	110.06	w	w
	沙特阿拉伯	24.62	18.98	23.92	25.03	34.08	47.96	56.09	w	93.03	57.87	76.44	107.08	106.65	101.16	95.60	46.66
	委内瑞拉	24.45	18.01	20.13	23.81	31.78	46.39	55.8	64.1	88.06	55.58	70.3	97.23	100.15	97.52	84.51	41.09

资料来源：http：//www.eia.doe.gov，EIA。

注　w 表示为了避免个别公司数据披露而隐瞒。

附表 3-4　　2000—2014 年部分国家原油进口到岸（CIF）价格　　美元/桶

国家	2000 年	2001 年	2002 年	2003 年	2004 年	2005 年	2006 年	2007 年	2008 年	2009 年	2010 年	2011 年	2012 年	2013 年	2014 年
澳大利亚	30.79	26.61	25.80	31.24	40.93	56.71	66.71	77.13	107.83	63.4	82.60	115.66	117.78	114.19	107.05
奥地利	29.39	25.32	24.64	29.59	38.21	53.15	64.44	71.86	103.05	60.69	80.00	110.92	112.50	110.63	103.81

续表

国家	2000 年	2001 年	2002 年	2003 年	2004 年	2005 年	2006 年	2007 年	2008 年	2009 年	2010 年	2011 年	2012 年	2013 年	2014 年
比利时	27.87	24.20	24.35	27.72	35.35	50.06	61.06	70.35	96.01	61.77	79.65	110.50	110.83	108.45	98.49
加拿大	29.10	24.87	24.97	29.53	38.13	52.37	64.33	70.04	101.41	60.29	79.14	110.80	110.61	108.6	98.60
法国	28.18	24.13	24.63	28.87	37.61	52.74	63.69	72.22	97.61	61.64	79.78	111.78	112.01	109.56	99.40
德国	28.09	24.15	24.40	28.44	36.65	52.30	63.29	71.60	96.70	61.18	78.49	110.63	112.21	109.62	99.76
希腊	26.95	23.22	24.08	27.17	34.53	50.33	60.97	69.93	93.60	60.1	78.97	109.41	111.92	107.61	95.55
意大利	27.77	23.87	24.34	28.58	36.60	51.33	62.50	70.20	96.67	60.69	79.29	110.23	112.18	109.98	99.09
日本	28.72	25.01	24.96	29.26	36.59	51.57	64.03	70.09	100.98	61.29	79.43	109.30	114.75	110.61	104.16
韩国	28.22	24.87	24.12	28.80	36.15	50.19	62.82	70.01	98.11	61.12	78.72	108.63	113.24	108.59	101.24
荷兰	27.59	23.48	23.99	27.67	35.02	50.00	61.47	68.74	97.89	60.54	78.55	109.19	111.54	108.55	99.22
新西兰	29.95	26.14	25.89	31.00	41.71	56.07	67.36	73.84	105.8	65.85	80.62	112.38	117.7	113.43	105.96
西班牙	27.16	23.32	23.95	28.13	36.03	50.54	60.99	68.66	94.86	59.78	77.84	108.50	109.48	106.77	97.07
瑞典	28.13	24.03	23.86	28.60	36.47	51.78	62.50	70.13	95.09	60.58	79.00	110.67	112.36	109.10	97.75
英国	28.45	24.45	24.58	29.13	37.75	53.79	65.00	73.80	99.34	62.39	80.60	113.49	112.62	110.27	100.07
美国	27.54	22.07	23.52	27.66	35.86	48.82	59.15	66.77	94.97	58.82	76.02	102.43	101.16	97.25	89.43
中国	28.77	26.33	25.01	29.58	37.57	51.20	62.24	66.51	98.37	59.59	76.84	105.43	110.78	106.07	100.63

资料来源：1. 国外数据来源于《ENERGY PRICE & TAXES，2nd Quarter 2015》，IEA。

2. 中国数据来源于《中国统计年鉴 2008 年》～《中国统计年鉴 2015 年》。

注 中国数据根据每年进口量和进口额计算。

附表 3-5　　2000—2014 年部分国家原油进口到岸（CIF）价格　　本币元/桶

国家	2000 年	2001 年	2002 年	2003 年	2004 年	2005 年	2006 年	2007 年	2008 年	2009 年	2010 年	2011 年	2012 年	2013 年	2014 年
澳大利亚	53.17	51.49	47.50	48.17	55.62	74.46	88.59	92.17	129.18	81.28	90.03	112.19	113.78	118.30	118.72
奥地利	31.89	28.28	26.14	26.19	30.76	42.79	51.36	52.46	70.49	43.70	60.40	79.75	87.53	83.30	78.27
比利时	30.24	27.03	25.84	24.53	28.46	40.30	48.66	51.36	65.67	44.47	60.14	79.45	86.23	81.66	74.26
加拿大	43.21	38.50	39.20	41.34	49.61	63.47	72.95	75.22	108.31	68.79	81.51	109.69	110.50	111.86	108.95
法国	30.58	26.95	26.13	25.55	30.28	42.46	50.76	52.72	66.77	44.38	60.23	80.37	87.14	82.50	74.95
德国	30.48	26.98	25.89	25.17	29.50	42.10	50.44	52.27	66.14	44.05	59.26	79.54	87.30	82.54	75.22
希腊	28.81	25.94	25.55	24.05	27.80	40.52	48.59	51.05	64.02	43.27	59.62	78.67	87.07	81.03	72.04
意大利	30.13	26.66	25.82	25.29	29.46	41.32	49.81	51.25	66.12	43.70	59.86	79.26	87.28	82.81	74.71
日本	3096	3039	3127	3380	3919	5678	7453	8257	10 441	5737	6971	8727	9158	10 796	11 025
韩国	31 917	32 082	30 174	34 301	41 392	51 395	59 805	65 039	108 019	77 928	90 922	120 362	127 508	118 906	106 606
荷兰	29.94	26.23	25.45	24.49	28.19	40.25	48.99	50.18	66.96	43.59	59.31	78.51	86.78	81.74	74.81
新西兰	66.04	62.27	56.00	53.44	62.94	79.68	103.87	100.50	150.77	105.36	111.90	142.50	145.36	138.38	127.79
西班牙	29.47	26.05	25.41	24.90	29.00	40.68	48.61	50.12	64.88	43.04	58.77	78.01	85.18	80.40	73.19
瑞典	257.70	248.42	231.94	231.03	267.91	386.90	460.81	473.94	627.31	463.62	568.96	717.36	760.56	710.57	670.57
英国	18.81	16.97	16.39	17.83	20.61	29.58	35.30	36.90	54.24	39.99	52.23	70.82	71.06	70.57	60.74
美国	27.54	22.07	23.52	27.66	35.86	48.82	59.15	66.77	94.97	58.82	76.02	102.43	101.16	97.25	89.43
中国	238.21	217.92	206.98	244.81	310.96	419.46	496.25	506.18	683.68	406.99	523.03	681.63	699.27	656.92	618.16

资料来源：汇率来源于《ENERGY PRICE & TAXES，2nd Quarter 2015》，IEA。

注　本表数据根据附表 3-4 及各国汇率计算。

附表 3-6　　2000—2014 年部分国家优质无铅汽油价格

美元/L

国家	2000 年	2001 年	2002 年	2003 年	2004 年	2005 年	2006 年	2007 年	2008 年	2009 年	2010 年	2011 年	2012 年	2013 年	2014 年
澳大利亚	0.51	0.45	0.47	0.58	..	..	1.00	1.08	1.25	1.08	1.25	1.58	1.60	1.51	1.42
奥地利	0.85	0.80	0.81	0.97	1.18	1.28	1.37	1.54	1.77	1.45	1.57	1.89	1.86	1.85	1.79
比利时	×	×	×	×	1.42	1.59	1.70	1.90	2.13	1.83	1.93	2.23	2.20	2.19	2.12
加拿大	0.41	0.46	0.45	0.53	0.67	0.82	0.92	1.01	1.15	0.91	1.10	1.36	1.38	1.37	1.30
智利	0.00	0.00	0.58	0.66	0.81	0.98	1.13	1.18	1.20	0.93	1.25	1.52	1.62	1.62	1.54
捷克	..	0.71	0.74	0.87	1.04	1.19	1.31	1.45	1.78	1.43	1.67	1.96	1.88	1.85	1.74
丹麦	1.03	0.98	1.03	1.24	1.40	1.51	1.61	1.79	2.01	1.78	1.91	2.23	2.18	2.25	2.15
爱沙尼亚	..	..	..	..	..	0.99	1.09	1.20	1.52	1.28	1.47	1.73	1.75	1.74	1.68
芬兰	×	×	×	×	1.42	1.51	1.62	1.78	2.08	1.78	1.89	2.17	2.14	2.17	2.12
法国	×	×	×	×	1.32	1.44	1.55	1.74	1.98	1.68	1.78	2.09	2.01	2.04	1.97
德国	0.91	0.90	0.97	1.21	1.41	1.52	1.62	1.84	2.05	1.80	1.88	2.17	2.12	2.12	2.04
希腊	×	×	×	×	1.01	1.10	1.21	1.39	1.62	1.40	1.88	2.30	2.23	2.23	2.16
匈牙利	0.81	0.78	0.85	1.01	1.18	1.31	1.32	1.51	1.70	1.41	1.63	1.91	1.90	1.87	1.75
爱尔兰	×	×	×	×	1.18	1.29	1.40	1.53	1.79	1.53	1.72	2.06	2.08	2.11	2.03
以色列	..	..	..	..	1.10	1.21	1.32	1.44	1.77	1.51	1.77	2.08	2.01	2.09	2.09
意大利	×	×	×	×	1.40	1.52	1.61	1.78	2.02	1.71	1.81	2.16	2.30	2.32	2.27
日本	0.96	0.86	0.83	0.92	1.04	1.13	1.18	1.19	1.52	1.29	1.52	1.83	1.84	1.60	1.54
韩国	1.10	0.99	1.01	1.09	..	..	..	..	..	1.40	1.65	1.93	1.98	2.02	2.05

续表

国家	2000 年	2001 年	2002 年	2003 年	2004 年	2005 年	2006 年	2007 年	2008 年	2009 年	2010 年	2011 年	2012 年	2013 年	2014 年
卢森堡	0.76	0.70	0.72	0.88	1.12	1.27	1.36	1.54	1.72	1.44	1.54	1.79	1.78	1.77	1.70
墨西哥	0.53	0.58	0.59	0.54	0.63	0.69	0.72	0.78	0.80	0.70	0.78	0.83	0.83	0.94	1.01
荷兰	×	×	×	×	1.56	1.68	1.78	2.00	2.25	1.87	1.99	2.28	2.26	2.30	2.26
新西兰	0.49	0.44	0.48	0.61	0.81	0.97	1.05	0.18	1.32	1.05	1.34	1.70	1.78	1.82	1.84
挪威	×	×	×	×	1.48	1.68	1.79	1.99	2.22	1.89	2.10	2.44	2.56	2.51	2.35
波兰	×	×	×	×	1.02	1.23	1.28	1.55	1.78	1.32	1.51	1.73	1.75	1.73	1.67
葡萄牙	×	×	×	×	1.28	1.42	1.61	1.81	2.03	1.72	1.82	2.15	2.11	2.10	2.02
斯洛伐克	..	..	..	..	1.09	1.20	1.33	1.54	1.81	1.55	1.66	2.02	2.00	2.00	1.97
斯洛文尼亚	..	..	..	..	..	1.14	1.25	1.41	1.56	1.46	1.59	1.80	1.90	1.97	1.92
西班牙	×	×	×	×	1.08	1.19	1.28	1.42	1.62	1.39	1.54	1.84	1.83	1.90	1.84
瑞典	×	×	×	×	1.36	1.47	1.56	1.74	1.91	1.59	1.81	2.16	2.19	2.21	2.07
瑞士	×	×	×	×	1.13	1.23	1.31	1.40	1.65	1.39	1.57	1.95	1.93	1.91	1.88
土耳其	×	×	×	×	1.37	1.89	1.94	2.22	2.47	2.02	2.46	2.51	2.51	2.50	2.21
英国	×	×	×	×	1.47	1.58	1.68	1.89	1.96	1.55	1.81	2.14	2.15	2.10	2.10
美国	0.39	0.38	0.36	0.41	0.52	0.63	0.71	0.77	0.89	0.65	0.77	0.96	0.99	0.97	0.94
中国	..	0.33	0.32	0.35	0.39	0.45	0.56	0.61	0.82	0.87	0.98	1.17	1.25	1.26	1.26

资料来源：《ENERGY PRICE & TAXES，2nd Quarter 2015》，IEA。

注 价格为含税价格；×表示数据不适用；‥ 表示数据不可用。

附表 3-7　　**2000—2014 年部分国家优质无铅汽油价格**　　本币元/L

国家	2000 年	2001 年	2002 年	2003 年	2004 年	2005 年	2006 年	2007 年	2008 年	2009 年	2010 年	2011 年	2012 年	2013 年	2014 年
澳大利亚	0.88	0.87	0.86	0.89	..	..	1.33	1.29	1.50	1.38	1.37	1.54	1.55	1.56	1.58
奥地利	0.93	0.89	0.86	0.86	0.95	1.03	1.09	1.12	1.21	1.04	1.19	1.36	1.45	1.39	1.35
比利时	×	×	×	×	1.14	1.28	1.35	1.38	1.46	1.32	1.46	1.61	1.71	1.65	1.60
加拿大	0.61	0.70	0.70	0.74	0.87	0.99	1.04	1.09	1.22	1.03	1.13	1.34	1.38	1.41	1.43
智利	0.00	0.00	401.66	454.25	495.55	547.49	600.81	616.51	629.30	520.93	635.44	734.01	786.33	803.34	875.93
捷克	..	26.96	24.29	24.50	26.69	28.48	29.62	29.50	30.33	27.26	31.86	34.60	36.69	36.19	36.12
丹麦	8.30	8.15	8.12	8.17	8.40	9.03	9.59	9.74	10.26	9.53	10.74	11.92	12.62	12.64	12.09
爱沙尼亚	..	..	..	..	..	0.80	0.87	0.88	1.04	0.92	1.11	1.24	1.36	1.31	1.27
芬兰	×	×	×	×	1.14	1.21	1.29	1.30	1.42	1.28	1.43	1.56	1.66	1.63	1.60
法国	×	×	×	×	1.06	1.16	1.24	1.27	1.36	1.21	1.34	1.50	1.57	1.54	1.49
德国	0.99	1.00	1.03	1.07	1.14	1.22	1.29	1.34	1.40	1.30	1.42	1.56	1.65	1.60	1.54
希腊	×	×	×	×	0.81	0.88	0.97	1.01	1.11	1.00	1.42	1.65	1.73	1.68	1.63
匈牙利	229.51	222.04	219.73	225.65	239.68	260.55	277.94	276.69	293.60	284.56	338.30	382.95	426.45	417.46	406.58
爱尔兰	×	×	×	×	0.95	1.04	1.12	1.12	1.23	1.10	1.30	1.48	1.62	1.59	1.53
以色列	..	..	..	..	4.94	5.43	5.88	5.93	6.35	5.93	6.60	7.42	7.75	7.54	7.47
意大利	×	×	×	×	1.13	1.22	1.28	1.30	1.38	1.23	1.36	1.55	1.79	1.75	1.71
日本	103.92	104.85	104.12	105.91	111.28	124.52	137.47	139.83	156.86	120.28	132.96	145.79	146.93	155.96	162.90
韩国	1248.62	1279.68	1268.51	1294.62						1786.28	1908.06	2136.22	2233.98	2216.28	2162.86

续表

国家	2000 年	2001 年	2002 年	2003 年	2004 年	2005 年	2006 年	2007 年	2008 年	2009 年	2010 年	2011 年	2012 年	2013 年	2014 年
卢森堡	0.82	0.78	0.77	0.78	0.90	1.02	1.08	1.12	1.18	1.04	1.16	1.29	1.38	1.33	1.28
墨西哥	5.03	5.43	5.71	5.81	7.13	7.46	7.85	8.48	8.96	9.44	9.80	10.30	10.89	12.00	13.37
荷兰	×	×	×	×	1.25	1.35	1.41	1.46	1.54	1.34	1.50	1.64	1.76	1.73	1.71
新西兰	1.07	1.05	1.03	1.05	1.22	1.38	1.62	0.24	1.88	1.68	1.85	2.15	2.20	2.22	2.22
挪威	×	×	×	×	9.98	10.81	11.46	11.68	12.53	11.88	12.69	13.67	14.89	14.73	14.78
波兰	×	×	×	×	3.73	3.99	3.98	4.29	4.30	4.12	4.55	5.12	5.70	5.48	5.27
葡萄牙	×	×	×	×	1.03	1.15	1.28	1.32	1.39	1.24	1.37	1.55	1.64	1.58	1.52
斯洛伐克	..	..	..	..	1.17	1.24	1.31	1.26	1.29	1.12	1.25	1.45	1.55	1.50	1.48
斯洛文尼亚	..	..	..	..		0.92	1.00	1.03	1.07	1.05	1.20	1.29	1.48	1.49	1.45
西班牙	×	×	×	×	0.87	0.95	1.02	1.03	1.11	1.00	1.16	1.32	1.42	1.43	1.39
瑞典	×	×	×	×	9.98	10.95	11.49	11.77	12.60	12.20	13.03	13.98	14.84	14.36	14.19
瑞士	×	×	×	×	1.40	1.53	1.64	1.68	1.79	1.51	1.64	1.73	1.81	1.77	1.72
土耳其	×	×	×	×	1.96	2.53	2.78	2.88	3.21	3.12	3.68	4.20	4.50	4.77	4.83
英国	×	×	×	×	0.80	0.87	0.91	0.94	1.07	0.99	1.17	1.33	1.35	1.34	1.27
美国	0.39	0.38	0.36	0.41	0.52	0.63	0.71	0.77	0.89	0.65	0.77	0.96	0.99	0.97	0.94
中国	..	2.75	2.66	2.91	3.23	3.69	4.45	4.60	5.71	5.91	6.67	7.58	7.88	7.79	7.73

资料来源：汇率来源于《ENERGY PRICE & TAXES，2nd Quarter 2015》，IEA。

注 本表数据根据附表 3-6 及各国汇率计算。×表示数据不适用；.. 表示数据不可用。

附表 3-8　　2000—2014 年部分国家非商业车用柴油价格

美元/L

国家	2000 年	2001 年	2002 年	2003 年	2004 年	2005 年	2006 年	2007 年	2008 年	2009 年	2010 年	2011 年	2012 年	2013 年	2014 年
澳大利亚	0.52	0.47	0.47	0.59	0.74	0.91	1.01	1.09	1.33	1.05	1.17	1.53	1.55	1.47	1.40
奥地利	0.72	0.67	0.68	0.82	1.01	1.18	1.27	1.42	1.81	1.35	1.46	1.85	1.81	1.80	1.72
比利时	0.75	0.70	0.68	0.85	1.09	1.29	1.35	1.50	1.83	1.42	1.59	2.00	1.97	1.96	1.88
加拿大	..	..	..	..	..	..	0.86	0.93	1.17	0.79	0.98	1.26	1.26	1.25	1.21
智利	0.00	0.00	0.36	0.43	0.55	0.71	0.84	0.88	1.14	0.76	0.95	1.20	1.25	1.24	1.17
捷克	0.64	0.63	0.66	0.78	0.97	1.16	1.28	1.42	1.86	1.38	1.61	1.94	1.87	1.85	1.75
丹麦	0.88	0.84	0.86	1.03	1.14	1.28	1.38	1.52	1.86	1.46	1.60	1.95	1.91	2.02	1.90
爱沙尼亚	..	..	..	..	0.00	1.00	1.09	1.19	1.68	1.26	1.47	1.77	1.76	1.76	1.68
芬兰	0.78	0.73	0.74	0.93	1.05	1.20	1.28	1.40	1.85	1.38	1.50	1.90	1.99	2.00	1.96
法国	0.78	0.72	0.73	0.90	1.10	1.27	1.35	1.50	1.86	1.39	1.52	1.90	1.80	1.79	1.71
德国	0.74	0.74	0.79	1.00	1.16	1.32	1.40	1.60	1.95	1.51	1.62	1.98	1.92	1.90	1.86
希腊	0.62	0.57	0.59	0.72	0.92	1.09	1.20	1.35	1.76	1.34	1.63	2.03	1.94	1.83	1.76
匈牙利	0.76	0.73	0.78	0.96	1.08	1.27	1.29	1.44	1.79	1.33	1.55	1.89	1.93	1.90	1.79
爱尔兰	0.78	0.73	0.73	0.91	1.10	1.29	1.37	1.48	1.86	1.42	1.60	1.97	2.00	2.01	1.93
以色列	..	..	..	..	0.82	1.01	1.13	1.32	1.93	1.56	1.77	2.13	2.05	2.07	2.08
意大利	0.82	0.78	0.81	0.99	1.17	1.38	1.46	1.59	1.96	1.50	1.61	2.01	2.19	2.20	2.14
日本	0.75	0.70	0.66	0.73	0.81	0.91	0.97	1.01	1.36	1.11	1.29	1.58	1.59	1.39	1.34
韩国	0.54	0.50	0.54	0.65	0.79	1.05	1.28	1.37	1.47	1.09	1.30	1.58	1.60	1.58	1.56

续表

国家	2000 年	2001 年	2002 年	2003 年	2004 年	2005 年	2006 年	2007 年	2008 年	2009 年	2010 年	2011 年	2012 年	2013 年	2014 年
卢森堡	0.64	0.59	0.60	0.72	0.86	1.05	1.15	1.28	1.62	1.17	1.32	1.62	1.62	1.62	1.55
墨西哥	0.44	0.48	0.49	0.46	0.45	0.48	0.50	0.53	0.56	0.57	0.68	0.76	0.80	0.92	0.99
荷兰	0.78	0.73	0.75	0.90	1.10	1.27	1.36	1.49	1.88	1.38	1.55	1.88	1.86	1.89	1.87
新西兰	0.33	0.30	0.30	0.36	0.48	0.64	0.74	0.77	1.02	0.64	0.86	1.17	1.22	1.21	1.17
挪威	1.13	0.96	1.03	1.19	1.29	1.53	1.60	1.77	2.17	1.70	1.95	2.27	2.27	2.24	2.08
波兰	0.59	0.62	0.63	0.73	0.87	1.14	1.23	1.36	1.75	1.17	1.41	1.70	1.74	1.73	1.65
葡萄牙	0.60	0.60	0.61	0.80	0.98	1.16	1.31	1.48	1.85	1.39	1.53	1.91	1.86	1.84	1.73
斯洛伐克	0.69	0.63	0.62	0.81	1.05	1.21	1.34	1.53	1.95	1.54	1.50	1.87	1.86	1.87	1.80
斯洛文尼亚	..	..	..	..	..	1.13	1.21	1.33	1.65	1.40	1.52	1.73	1.75	1.83	1.79
西班牙	0.64	0.62	0.65	0.78	0.94	1.11	1.19	1.31	1.65	1.27	1.42	1.77	1.75	1.80	1.73
瑞典	0.92	0.84	0.86	1.04	1.16	1.39	1.51	1.63	2.03	1.51	1.73	2.16	2.17	2.23	2.10
瑞士	0.85	0.83	0.86	1.01	1.16	1.32	1.39	1.47	1.87	1.47	1.65	2.10	2.06	2.04	1.99
土耳其	0.70	0.60	0.73	0.93	1.08	1.46	1.56	1.77	2.21	1.68	2.04	2.20	2.24	2.29	2.00
英国	1.23	1.12	1.13	1.27	1.05	1.65	1.75	1.94	2.15	1.62	1.84	2.22	2.25	2.20	2.20
美国	0.40	0.37	0.35	0.40	0.48	0.63	0.71	0.76	1.00	0.65	0.79	1.02	1.05	1.04	1.01
中国	..	0.32	0.32	0.35	0.39	0.45	0.56	0.64	0.83	0.85	0.97	1.15	1.18	1.18	1.15

资料来源：《ENERGY PRICE & TAXES，2nd Quarter 2015》，IEA。

注 价格为含税价格；.. 表示数据不可用。

附表 3-9　　2000—2014 年部分国家非商业车用柴油价格

本币元/L

国家	2000 年	2001 年	2002 年	2003 年	2004 年	2005 年	2006 年	2007 年	2008 年	2009 年	2010 年	2011 年	2012 年	2013 年	2014 年
澳大利亚	0.89	0.90	0.86	0.91	1.00	1.20	1.35	1.31	1.59	1.34	1.28	1.48	1.50	1.52	1.55
奥地利	0.78	0.75	0.72	0.73	0.81	0.95	1.01	1.04	1.24	0.97	1.11	1.33	1.41	1.36	1.30
比利时	0.81	0.78	0.73	0.76	0.88	1.04	1.08	1.09	1.25	1.02	1.20	1.44	1.53	1.48	1.42
加拿大	..	..	..	..	..	..	0.97	1.00	1.25	0.90	1.01	1.25	1.25	1.29	1.34
智利	0.00	0.00	249.40	297.99	333.41	398.02	444.90	458.73	595.79	424.79	482.44	579.76	606.52	614.15	667.65
捷克	24.69	24.10	21.73	21.91	24.89	27.85	28.96	28.71	31.75	26.21	30.70	34.27	36.46	36.13	36.28
丹麦	7.09	6.95	6.80	6.79	6.82	7.66	8.18	8.26	9.50	7.82	9.01	10.46	11.08	11.33	10.70
爱沙尼亚	..	..	..	..	0.00	0.80	0.87	0.87	1.15	0.91	1.11	1.27	1.37	1.32	1.27
芬兰	0.85	0.82	0.78	0.82	0.85	0.97	1.02	1.02	1.26	0.99	1.13	1.37	1.54	1.51	1.48
法国	0.85	0.80	0.77	0.79	0.88	1.02	1.08	1.09	1.27	1.00	1.14	1.36	1.40	1.35	1.29
德国	0.80	0.82	0.84	0.89	0.94	1.07	1.12	1.17	1.33	1.09	1.23	1.43	1.49	1.43	1.40
希腊	0.66	0.63	0.62	0.64	0.74	0.88	0.95	0.98	1.21	0.96	1.23	1.46	1.51	1.38	1.33
匈牙利	215.11	208.57	201.42	216.00	218.61	253.96	271.63	263.65	308.60	269.20	321.47	379.74	433.86	425.73	415.66
爱尔兰	0.84	0.82	0.77	0.80	0.88	1.04	1.10	1.08	1.27	1.02	1.20	1.41	1.55	1.52	1.45
以色列	..	..	..	..	3.66	4.51	5.02	5.43	6.93	6.13	6.60	7.61	7.91	7.62	7.44
意大利	0.89	0.87	0.86	0.88	0.94	1.11	1.17	1.16	1.34	1.08	1.21	1.45	1.71	1.66	1.61
日本	81.28	84.44	82.82	84.20	87.18	100.30	113.02	118.98	140.52	103.52	112.77	126.07	127.22	135.18	141.94
韩国	613.00	645.00	678.04	777.72	906.84	1077.25	1220.46	1269.94	1615.17	1383.38	1501.50	1745.10	1806.10	1730.10	1637.42

续表

国家	2000年	2001年	2002年	2003年	2004年	2005年	2006年	2007年	2008年	2009年	2010年	2011年	2012年	2013年	2014年
卢森堡	0.69	0.66	0.63	0.64	0.69	0.84	0.92	0.94	1.11	0.85	1.00	1.17	1.26	1.22	1.17
墨西哥	4.17	4.50	4.75	4.92	5.08	5.23	5.43	5.83	6.23	7.71	8.54	9.50	10.52	11.74	13.21
荷兰	0.85	0.82	0.79	0.79	0.89	1.02	1.09	1.09	1.29	1.00	1.17	1.35	1.44	1.42	1.41
新西兰	0.73	0.72	0.65	0.62	0.73	0.90	1.13	1.05	1.45	1.02	1.20	1.48	1.50	1.47	1.41
挪威	9.90	8.64	8.20	8.39	8.68	9.83	10.24	10.35	12.27	10.72	11.76	12.69	13.22	13.16	13.10
波兰	2.56	2.55	2.58	2.83	3.17	3.68	3.82	3.77	4.22	3.64	4.26	5.04	5.66	5.47	5.20
葡萄牙	0.65	0.67	0.65	0.71	0.79	0.94	1.04	1.08	1.26	1.00	1.15	1.37	1.45	1.39	1.30
斯洛伐克	31.71	30.65	0.93	0.99	1.12	1.25	1.32	1.25	1.38	1.11	1.13	1.35	1.44	1.40	1.36
斯洛文尼亚	..	..	..	..	..	0.91	0.96	0.97	1.13	1.01	1.15	1.24	1.36	1.38	1.35
西班牙	0.70	0.69	0.69	0.69	0.76	0.89	0.95	0.96	1.13	0.91	1.08	1.27	1.36	1.36	1.31
瑞典	8.45	8.65	8.39	8.43	8.54	10.36	11.13	11.01	13.36	11.53	12.47	14.01	14.71	14.55	14.39
瑞士	1.44	1.40	1.33	1.36	1.45	1.64	1.74	1.77	2.03	1.60	1.72	1.86	1.93	1.89	1.82
土耳其	0.43	0.73	1.10	1.39	1.54	1.96	2.22	2.30	2.87	2.59	3.06	3.68	4.02	4.37	4.37
英国	0.81	0.78	0.76	0.78	0.57	0.91	0.95	0.97	1.17	1.04	1.19	1.39	1.42	1.40	1.33
美国	0.40	0.37	0.35	0.40	0.48	0.63	0.71	0.76	1.00	0.65	0.79	1.02	1.05	1.04	1.01
中国	..	2.63	2.62	2.90	3.22	3.66	4.43	4.87	5.78	5.82	6.57	7.46	7.43	7.32	7.08

资料来源：汇率来源于《ENERGY PRICE & TAXES，2nd Quarter 2015》，IEA。

注 本表数据根据附表3-8及各国汇率计算；·· 表示数据不可用。

2. 天然气价格

附表 3-10　　2000—2013 年部分国家工业用天然气价格　　美元/（MW•h）

国家	2000 年	2001 年	2002 年	2003 年	2004 年	2005 年	2006 年	2007 年	2008 年	2009 年	2010 年	2011 年	2012 年	2013 年	2014 年
比利时	..	..	..	..	..	..	..	..	49.0	43.9	32.3	37.8	37.1	39.9	35.8
加拿大	7.7	9.4	10.8	18.1	19.3	25.4	23.4	18.6	30.3	14.8	13.8	15.4	11.9	13.7	16.0
捷克	12.7	13.4	14.9	17.5	18.7	25.1	34.6	18.6	52.8	45.4	45.6	50.8	48.8	47.3	42.9
爱沙尼亚	..	..	..	..	..	..	..	..	38.7	33.7	36.4	39.6	45.6	47.2	47.5
芬兰	11.2	10.8	10.9	13.6	14.6	16.3	21.3	18.6	32.0	28.6	30.1	45.2	45.8	47.5	45.9
法国	15.3	17.0	15.7	20.8	22.6	28.4	35.5	18.6	52.2	37.7	41.7	51.5	51.1	51.8	49.3
德国	16.2	..	..	..	..	..	..	49.5	57.2	47.8	45.1	50.3	44.6	49.9	44.7
希腊	17.0	15.9	15.6	19.0	20.0	26.9	..	18.6	55.4	37.9	44.5	56.0	66.8	61.0	56.6
匈牙利	9.4	10.6	12.4	20.3	24.8	29.8	38.9	50.2	64.7	52.6	36.7	43.6	47.8	45.6	51.3
爱尔兰	9.8	12.3	15.8	20.0	25.1	32.2	40.1	..	53.0	41.6	37.1	43.9	45.6	51.7	48.7
意大利	..	..	..	..	25.8	30.2	39.0	42.2	55.6	48.0	41.5	..	..	..	
日本	39.0	35.0	30.8	33.2	33.8	34.6	37.5	39.0	..	48.6	54.6	70.4	77	72.0	
韩国	..	..	..	..	29.4	33.8	42.6	47.4	43.0	41.2	52.5	60.1	64.8	78.7	
卢森堡	..	..	..	..	..	..	..	..	31.5	40.0	42.1	50.1	49.6	53.5	44.9
墨西哥	12.9	14.0	10.5	17.6	25.8	30.7	29.5	29.8	37.2	..	..	..	..	..	
荷兰	13.8	14.6	13.7	18.5	..	..	..	39.1	46.0	42.4	34.4	38.5	38.6	41.7	43.3

续表

国家	2000年	2001年	2002年	2003年	2004年	2005年	2006年	2007年	2008年	2009年	2010年	2011年	2012年	2013年	2014年
新西兰	5.2	5.2	8.2	12.4	15.4	19.4	21.1	23.9	20.6	20.1	20.4	22.3	22.8	24.0	
波兰	11.4	14.9	14.9	15.1	15.4	19.3	25.3	32.2	45.7	37.2	39.1	42.5	44.0	42.3	43.9
葡萄牙	..	..	17.3	20.9	20.7	24.7	28.9	36.9	47.1	41.6	40.3	50.2	52.7	55.7	59.9
斯洛伐克	8.7	9.2	11.4	19.0	20.9	24.7	32.6	36.1	53.5	44.4	46.0	50.2	52.5	49.3	44.3
斯洛文尼亚	..	..	..	..	..	..	..	..	56.4	49.1	51.6	58.3	64.4	57.9	51.8
西班牙	15.1	15.1	14.2	17.6	18.6	21.9	30.5	32.7	41.8	37.3	33.6	37.7	44.0	45.8	44.5
瑞典	..	..	..	..	..	..	..	51.5	65.9	49.0	56.0	67.7	63.3	63.8	55.0
瑞士	19.2	25.5	24.0	27.5	30.3	34.6	41.9	49.6	64.1	60.6	56.9	72.5	71.7	72.2	73.8
土耳其	15.0	17.2	18.5	19.7	19.8	26.2	30.3	37.9	49.3	40.2	35.0	33.8	41.1	43.6	38.8
英国	9.8	13.1	13.7	15.4	18.9	27.9	35.8	28.6	38.4	30.4	28.3	35.5	38.5	41.9	40.2
美国	14.7	17.0	13.3	19.2	21.6	27.9	25.9	25.3	31.9	17.6	17.8	16.9	12.8	15.4	18.3
中国	20.5	22.3	20.2	22.9	22.6	23.1	23.3	26.1	32.5	35.4	37.3	42.8	43.4	49.2	54.2

资料来源：《ENERGY PRICE & TAXES，2nd Quarter 2014》，IEA。

附表3-11　　2000—2013年部分国家工业用天然气价格　　本币元/（MW•h）

国家	2000年	2001年	2002年	2003年	2004年	2005年	2006年	2007年	2008年	2009年	2010年	2011年	2012年	2013年	2014年
比利时	..	..	..	..	..	..	..	..	33.5	31.6	24.4	27.2	28.9	30.0	27.0
加拿大	11.5	14.5	17.0	25.4	25.1	30.7	26.6	20.0	32.4	16.9	14.2	15.2	11.9	14.1	17.7

续表

国家	2000 年	2001 年	2002 年	2003 年	2004 年	2005 年	2006 年	2007 年	2008 年	2009 年	2010 年	2011 年	2012 年	2013 年	2014 年
捷克	490.2	509.5	488.4	491.8	480.3	602.2	781.2	377.4	901.8	864.9	870.0	896.9	953.5	924.1	839.1
芬兰	12.2	12.1	11.6	12.1	11.8	13.2	17.0	13.6	21.9	20.6	22.7	32.5	35.6	35.8	34.6
法国	16.6	19.0	16.7	18.4	18.2	22.9	28.3	13.6	35.7	27.1	31.5	37.0	39.8	39.0	37.2
德国	17.6	..	..	..	..	..	..	36.1	39.1	34.4	34.1	36.2	34.7	37.6	33.7
希腊	18.1	17.7	16.5	16.9	16.1	21.6	..	13.6	37.9	27.3	33.6	40.3	52.0	45.9	42.7
匈牙利	2667.2	3042.8	3194.8	4557.5	5024.8	5945.4	8182.0	9216.7	11 160.8	10 630.5	7626.3	8746.2	10 745.4	10 196.2	11 936.8
爱尔兰	10.7	13.8	16.8	17.7	20.2	25.9	31.9	..	36.3	30.0	28.0	31.6	35.5	38.9	36.7
意大利	..	..	..	..	20.8	24.3	31.1	30.8	38.0	34.6	31.3	..	..	..	
日本	4207.0	4256.7	3856.2	3832.4	3623.9	3810.8	4368.0	4594.2	..	4549.0	4791.7	5620.7	6145.4	7027.2	
韩国	..	..	..	..	33 666.2	34 565.7	40 562.2	44 034.6	47 343.0	52 530.0	60 637.5	66 590.8	72 964.8	86 176.5	
卢森堡	..	..	..	..	..	..	..	..	21.5	28.8	31.8	36.0	38.6	40.3	33.9
墨西哥	121.8	131.1	101.8	190.3	291.4	334.0	321.3	325.7	414.8	..	..	..	..	..	0.0
荷兰	15.0	16.3	14.5	16.4	..	..	..	28.5	31.5	30.5	26.0	27.7	30.0	31.4	32.6
新西兰	11.5	12.5	17.7	21.4	23.3	27.6	32.6	32.5	29.4	32.2	28.3	28.3	28.2	29.6	
波兰	49.7	61.0	60.7	58.8	56.3	62.5	78.5	89.0	110.1	116.0	117.9	125.7	143.1	133.7	138.5
葡萄牙	..	..	18.3	18.5	16.7	19.9	23.1	26.9	32.2	30.0	30.4	36.1	41.0	41.9	45.2
斯洛伐克	403.3	443.4	17.2	23.2	22.4	25.5	32.1	29.6	37.9	32.0	34.7	36.1	40.8	38.4	33.4
斯洛文尼亚	..	..	..	..	..	..	..	..	38.6	35.4	39.0	41.9	50.1	43.6	39.1

续表

国家	2000年	2001年	2002年	2003年	2004年	2005年	2006年	2007年	2008年	2009年	2010年	2011年	2012年	2013年	2014年
西班牙	16.4	16.9	15.1	15.5	14.9	17.6	24.3	23.9	28.6	26.9	25.4	27.1	34.2	34.5	33.6
瑞典	..	..	..	..	..	..	..	348.0	434.7	375.0	403.3	438.8	428.5	415.5	377.5
瑞士	32.4	43.0	37.4	37.1	37.7	43.1	52.5	59.5	69.5	65.8	59.3	64.5	67.3	66.9	67.5
土耳其	9.4	21.2	28.0	29.6	28.2	35.1	43.3	49.3	64.0	62.2	52.5	56.4	73.7	83.1	84.9
英国	6.5	9.1	9.1	9.4	10.3	15.3	19.4	14.3	21.0	19.5	18.3	22.2	24.3	26.4	25.7
美国	14.7	17.0	13.3	19.2	21.6	27.9	25.9	25.3	31.9	17.6	17.8	16.9	12.8	15.4	18.3
中国	169.4	184.5	167.5	189.4	187.0	189.7	185.9	198.9	226.2	242.0	254.0	276.9	280.8	303.4	332.8

资料来源：《ENERGY PRICE & TAXES，2nd Quarter 2015》，IEA。

附表 3-12　　2000—2014 年部分国家居民用天然气价格　　美元/（MW·h）

国家	2000年	2001年	2002年	2003年	2004年	2005年	2006年	2007年	2008年	2009年	2010年	2011年	2012年	2013年	2014年
奥地利	30.0	31.7	32.6	50.8	59.0	62.7	67.5	80.5	88.1	89.6	81.4	93.0	90.3	92.9	92.7
比利时	35.0	..	..	..	..	..	..	..	96.1	77.9	75.0	94.9	91.5	88.1	87.0
加拿大	17.1	25.3	20.3	29.2	31.0	36.9	41.4	41.6	43.4	34.2	37.0	37.1	34.4	33.8	35.0
智利	0.0	0.0	58.9	48.9	55.7	70.6	76.2	85.8	117.8	95.9	118.0	137.9	125.0	111.9	102.9
捷克	18.4	20.0	23.6	27.7	30.3	36.9	46.8	49.7	73.0	70.1	68.6	82.9	87.6	84.0	77.2
丹麦	63.4	61.1	62.1	77.2	90.8	108.0	..	..	..	114.4	124.6	141.0	123.1	130.0	118.3
爱沙尼亚	..	..	..	..	..	..	..	..	52.1	52.7	51.5	60.2	65.8	66.3	64.3

续表

国家	2000 年	2001 年	2002 年	2003 年	2004 年	2005 年	2006 年	2007 年	2008 年	2009 年	2010 年	2011 年	2012 年	2013 年	2014 年
芬兰	13.8	19.1	17.4	21.6	23.3	25.7	30.4	..	..	..	..	..	..	..	0.0
法国	29.9	34.6	36.6	44.9	46.8	50.8	60.8	67.6	79.1	72.9	74.3	86.7	83.8	89.6	89.6
德国	32.2	..	..	..	..	..	..	89.2	103.8	97.0	84.3	92.6	90.3	94.6	94.9
希腊	22.2	22.2	26.1	33.7	36.4	51.7	..	86.0	104.4	89.6	93.3	108.0	138.0	151.5	140.1
匈牙利	13.5	12.9	15.2	21.0	19.4	21.1	25.7	52.9	64.4	61.6	55.5	63.6	60.4	57.5	49.1
爱尔兰	31.1	31.7	33.8	45.2	51.2	59.1	82.4	94.5	88.9	87.5	73.9	80.6	86.7	97.0	100.7
意大利	..	..	..	..	66.9	70.8	80.5	87.4	99.1	91.1	94.0	..	..	..	
日本	111.6	100.7	93.7	103.0	109.6	107.4	106.8	106.4	..	135.4	142.1	165.6	169.6	146.1	
韩国	..	..	..	..	39.1	45.4	55.2	61.3	54.5	49.8	56.4	65.0	69.2	75.8	
卢森堡	23.6	25.8	23.4	29.4	31.5	41.0	47.9	..	73.8	61.3	57.8	74.0	74.6	78.9	69.4
墨西哥	..	..	..	..	47.1	54.5	53.6	54.3	38.5	36.9	39.5	36.6	30.4	34.5	35.5
荷兰	30.9	34.5	39.3	51.8	58.7	68.8	77.4	88.7	106.6	100.0	86.1	96.8	98.7	103.7	102.8
新西兰	30.6	28.3	22.3	33.0	53.1	66.3	63.4	84.4	96.1	74.0	86.1	102.4	107.7	116.7	
波兰	21.3	26.2	29.0	29.2	31.8	38.1	47.7	59.2	80.2	68.9	66.5	72.7	70.6	68.0	72.8
葡萄牙	..	..	56.0	68.3	78.2	82.8	87.5	92.4	91.7	82.5	81.0	93.7	102.3	117.5	131.2
斯洛伐克	9.3	9.9	10.8	19.7	30.2	36.0	47.6	56.5	67.5	67.1	60.5	68.8	68.4	70.6	70.9
斯洛文尼亚	..	..	..	..	..	..	..	..	91.2	86.8	82.8	98.8	98.5	91.4	88.8
西班牙	42.3	43.7	42.7	51.1	55.3	58.9	65.1	74.6	88.3	79.6	73.9	89.2	101.9	111.7	119.2

续表

国家	2000 年	2001 年	2002 年	2003 年	2004 年	2005 年	2006 年	2007 年	2008 年	2009 年	2010 年	2011 年	2012 年	2013 年	2014 年
瑞典	..	..	..	..	..	..	..	124.8	141.9	125.8	136.7	163.5	156.9	162.8	154.4
瑞士	35.4	42.2	42.5	48.3	52.7	57.6	65.8	75.7	94.0	88.3	87.3	107.4	106.8	108.4	113.0
土耳其	22.3	20.9	21.9	22.8	22.4	31.2	35.7	44.7	56.7	48.9	45.3	42.3	50.2	52.7	47.6
英国	22.2	21.8	24.1	26.7	32.1	36.6	48.9	56.4	61.5	59.1	56.6	67.3	72.2	75.6	83.6
美国	27.7	31.8	26.2	31.5	35.6	42.4	45.5	43.0	45.9	40.0	37.0	36.4	35.3	34.0	36.2
中国	18.9	19.2	18.8	28.6	23.9	24.1	24.8	26.7	30.1	32.2	33.4	36.4	35.7	38.4	37.5

资料来源：《ENERGY PRICE & TAXES，2nd Quarter 2015》，IEA。

附表 3 - 13　　2000—2013 年部分国家居民用天然气价格　　本币元/（MW•h）

国家	2000 年	2001 年	2002 年	2003 年	2004 年	2005 年	2006 年	2007 年	2008 年	2009 年	2010 年	2011 年	2012 年	2013 年	2014 年
奥地利	32.5	35.4	34.6	44.9	47.5	50.5	53.8	58.8	60.3	64.5	61.5	66.9	70.3	70.0	69.9
比利时	38.0	..	..	..	..	..	..	..	65.7	56.1	56.6	68.2	71.2	66.3	65.6
加拿大	25.4	39.1	31.8	40.9	40.4	44.7	46.9	44.7	46.4	39.0	38.1	36.7	34.4	34.8	38.7
智利	0.0	0.0	40 547.7	33 777.3	33 934.0	39 539.0	40 415.6	44 827.9	61 673.0	53 602.3	60 177.6	66 680.2	60 748.8	55 421.8	58 741.1
捷克	711.8	762.2	773.6	780.3	779.4	884.2	1056.4	1008.4	1246.8	1335.4	1308.9	1463.6	1711.5	1641.2	1509.6
丹麦	512.7	508.7	489.4	507.5	543.5	647.5	..	..	..	613.1	700.5	755.3	712.7	730.3	664.6
爱沙尼亚	..	..	..	..	..	..	..	..	35.6	37.9	38.9	43.3	51.2	49.9	48.5
芬兰	14.9	21.3	18.4	19.1	18.7	20.7	24.2	..	..	..	..	..	..	..	0.0

续表

国家	2000年	2001年	2002年	2003年	2004年	2005年	2006年	2007年	2008年	2009年	2010年	2011年	2012年	2013年	2014年
法国	32.4	38.7	38.8	39.7	37.7	40.9	48.4	49.3	54.1	52.5	56.1	62.3	65.2	67.5	67.6
德国	34.9	..	..	..	..	..	..	65.1	71.0	69.8	63.6	66.6	70.3	71.2	71.6
希腊	23.8	24.8	27.7	29.8	29.3	41.6	..	62.8	71.4	64.5	70.4	77.7	107.4	114.1	105.7
匈牙利	3806.2	3704.7	3908.5	4708.4	3922.8	4215.3	5412.4	9712.4	11 109.0	12 449.4	11 532.9	12 758.2	13 577.9	12 857.0	11 423.9
爱尔兰	33.7	35.4	35.8	40.0	41.2	47.6	65.6	69.0	60.8	63.0	55.8	58.0	67.5	73.0	76.0
意大利	..	..	..	..	53.9	57.0	64.2	63.8	67.8	65.6	71.0	..	..	..	
日本	12 026.2	12 235.9	11 735.0	11 900.5	11 733.9	11 822.5	12 431.7	12 533.9	..	12 673.4	12 470.7	13 221.5	13 535.8	14 259.4	
韩国	..	..	..	..	44 756.3	46 511.3	52 546.0	56 947.7	60 004.5	63 495.0	65 142.0	72 020.0	77 919.2	83 001.0	
卢森堡	25.7	28.8	24.8	26.0	25.4	33.0	38.2	..	50.5	44.1	43.6	53.2	58.0	59.4	52.3
墨西哥	..	..	..	..	530.9	593.2	584.7	593.5	429.3	498.2	499.0	454.9	399.8	440.6	472.1
荷兰	33.5	38.6	41.7	45.8	47.2	55.4	61.7	64.8	72.9	72.0	65.0	69.6	76.8	78.1	77.5
新西兰	67.5	67.5	48.2	56.9	80.1	94.2	97.7	114.9	136.9	118.4	119.5	129.8	133.0	144.1	
波兰	92.5	107.2	118.3	113.7	116.1	123.3	148.0	163.7	193.3	214.9	200.5	215.0	229.6	214.9	229.5
葡萄牙	..	..	59.4	60.4	62.9	66.7	69.8	67.5	62.7	59.4	61.2	67.4	79.6	88.5	98.9
斯洛伐克	430.4	479.3	16.3	24.0	32.3	37.1	46.8	46.3	47.9	48.3	45.7	49.5	53.2	54.9	53.4
斯洛文尼亚	..	..	..	..	..	..	..	..	62.4	62.5	62.5	71.0	76.6	68.8	67.0
西班牙	45.9	48.8	45.4	45.2	44.5	47.4	51.9	54.5	60.4	57.3	55.8	64.1	79.3	84.1	89.9

续表

国家	2000 年	2001 年	2002 年	2003 年	2004 年	2005 年	2006 年	2007 年	2008 年	2009 年	2010 年	2011 年	2012 年	2013 年	2014 年
瑞典	..	..	..	..	..	..	..	843.4	936.1	962.7	984.5	1059.8	1062.1	1060.3	1058.9
瑞士	59.7	71.1	66.2	65.0	65.5	71.8	82.4	90.8	101.9	95.9	91.1	95.5	100.2	100.5	103.4
土耳其	13.9	25.6	33.1	34.3	31.9	41.8	51.1	58.1	73.7	75.6	67.9	70.6	90.0	100.4	104.2
英国	14.7	15.1	16.1	16.4	17.5	20.1	26.5	28.2	33.6	37.9	36.7	42.0	45.6	47.7	53.5
美国	27.7	31.8	26.2	31.5	35.6	42.4	45.5	43.0	45.9	40.0	37.0	36.4	35.3	34.0	36.2
中国	156.8	158.9	155.6	236.6	197.6	197.6	197.5	203.2	209.3	219.9	227.1	235.2	230.7	237.1	230.4

资料来源：《ENERGY PRICE & TAXES，2nd Quarter 2015》，IEA。

附表 3 - 14　　2008—2015 年俄罗斯出口德国管道天然气价格　　美元/（$10^3 m^3$）

日期	价格	日期	价格	日期	价格	日期	价格
2008-01	369.72	2008-09	516.96	2009-05	309.60	2010-01	273.24
2008-02	369.72	2008-10	576.72	2009-06	309.60	2010-02	273.24
2008-03	369.72	2008-11	576.72	2009-07	244.44	2010-03	273.24
2008-04	428.40	2008-12	576.72	2009-08	222.48	2010-04	300.60
2008-05	428.40	2009-01	576.72	2009-09	222.48	2010-05	283.32
2008-06	428.40	2009-02	520.92	2009-10	232.20	2010-06	290.16
2008-07	516.96	2009-03	412.92	2009-11	232.20	2010-07	305.28
2008-08	516.96	2009-04	309.60	2009-12	232.20	2010-08	308.52

续表

日期	价格	日期	价格	日期	价格	日期	价格
2010-09	305.64	2012-01	443.88	2013-05	410.76	2014-09	374.40
2010-10	311.04	2012-02	439.92	2013-06	407.52	2014-10	374.40
2010-11	313.56	2012-03	450.36	2013-07	395.28	2014-11	365.76
2010-12	314.28	2012-04	452.52	2013-08	394.92	2014-12	376.20
2011-01	330.84	2012-05	452.52	2013-09	394.56	2015-01	342.00
2011-02	329.04	2012-06	452.16	2013-10	393.48	2015-02	334.44
2011-03	328.32	2012-07	409.68	2013-11	394.56	2015-03	334.44
2011-04	361.08	2012-08	410.40	2013-12	395.64	2015-04	266.04
2011-05	360.72	2012-09	409.68	2014-01	392.40	2015-05	265.32
2011-06	360.00	2012-10	416.52	2014-02	389.88	2015-06	262.80
2011-07	403.20	2012-11	419.04	2014-03	384.84	2015-07	240.48
2011-08	399.96	2012-12	419.04	2014-04	388.44	2015-08	239.76
2011-09	399.96	2013-01	410.04	2014-05	383.04	2015-09	233.64
2011-10	435.96	2013-02	408.96	2014-06	378.72	2015-10	216.36
2011-11	432.72	2013-03	408.96	2014-07	338.40	2015-11	211.32
2011-12	435.96	2013-04	419.04	2014-08	373.68	2015-12	209.16

资料来源：Wind 资讯。

附表 3 - 15 **2008—2015 年日本进口印度尼西亚 LNG 价格** 美元/（10^3m^3）

日期	价格	日期	价格	日期	价格	日期	价格
2008-01	220.92	2010-01	196.51	2012-01	367.36	2014-01	373.67
2008-02	226.18	2010-02	189.57	2012-02	367.36	2014-02	377.88
2008-03	223.66	2010-03	192.94	2012-03	367.36	2014-03	374.72
2008-04	241.54	2010-04	196.51	2012-04	411.75	2014-04	371.78
2008-05	258.79	2010-05	211.24	2012-05	385.66	2014-05	371.99
2008-06	280.04	2010-06	195.25	2012-06	407.76	2014-06	368.41
2008-07	296.24	2010-07	191.25	2012-07	401.86	2014-07	366.73
2008-08	290.56	2010-08	186.20	2012-08	386.93	2014-08	341.48
2008-09	265.10	2010-09	188.94	2012-09	394.71	2014-09	330.33
2008-10	276.68	2010-10	200.30	2012-10	363.36	2014-10	320.44
2008-11	191.46	2010-11	200.30	2012-11	354.10	2014-11	345.27
2008-12	155.28	2010-12	200.30	2012-12	368.62	2014-12	348.84
2009-01	126.87	2011-01	227.44	2013-01	374.30	2015-01	326.12
2009-02	122.66	2011-02	250.17	2013-02	372.83	2015-02	309.08
2009-03	131.50	2011-03	256.27	2013-03	385.24	2015-03	274.57
2009-04	136.13	2011-04	303.19	2013-04	372.62	2015-04	231.86
2009-05	142.86	2011-05	331.38	2013-05	356.42	2015-05	190.20
2009-06	146.65	2011-06	342.74	2013-06	372.20	2015-06	184.94
2009-07	169.37	2011-07	342.74	2013-07	357.26	2015-07	196.09
2009-08	178.42	2011-08	372.41	2013-08	357.68	2015-08	213.77
2009-09	179.89	2011-09	374.09	2013-09	357.89	2015-09	210.61
2009-10	179.89	2011-10	370.30	2013-10	346.95	2015-10	218.18
2009-11	179.89	2011-11	376.41	2013-11	351.58	2015-11	197.78
2009-12	192.73	2011-12	379.77	2013-12	372.83	2015-12	213.56

资料来源：Wind 资讯。

附表 3-16　　2008—2015 年美国进口天然气价格

美元/（$10^3 m^3$）

天然气		进口 LNG		进口管道天然气		天然气		进口 LNG		进口管道天然气	
日期	价格	日期	价格	日期	价格	日期	价格	日期	价格	日期	价格
2008-01	7.66	2008-01	8.42	2008-01	7.57	2009-12	5.23	2009-12	4.63	2009-12	5.30
2008-02	8.34	2008-02	9.37	2008-02	8.24	2010-01	5.95	2010-01	5.78	2010-01	5.56
2008-03	9.03	2008-03	9.41	2008-03	8.98	2010-02	5.62	2010-02	5.74	2010-02	4.99
2008-04	9.61	2008-04	9.85	2008-04	9.55	2010-03	4.87	2010-03	4.87	2010-03	5.35
2008-05	10.80	2008-05	11.33	2008-05	10.68	2010-04	4.13	2010-04	4.25	2010-04	5.42
2008-06	11.71	2008-06	12.34	2008-06	11.57	2010-05	4.13	2010-05	4.24	2010-05	4.63
2008-07	11.78	2008-07	12.99	2008-07	11.60	2010-06	4.23	2010-06	4.20	2010-06	6.66
2008-08	8.67	2008-08	10.25	2008-08	8.46	2010-07	4.40	2010-07	4.80	2010-07	5.50
2008-09	7.54	2008-09	9.06	2008-09	7.34	2010-08	4.13	2010-08	4.93	2010-08	6.99
2008-10	6.87	2008-10	9.16	2008-10	6.68	2010-09	3.76	2010-09	4.60	2010-09	4.48
2008-11	6.54	2008-11	8.09	2008-11	6.46	2010-10	3.83	2010-10	4.78	2010-10	7.41
2008-12	6.74	2008-12	8.86	2008-12	6.60	2010-11	3.96	2010-11	5.09	2010-11	4.20
2009-01	6.18	2009-01	7.63	2009-01	6.07	2010-12	4.56	2010-12	5.41	2010-12	5.57
2009-02	5.21	2009-02	6.82	2009-02	5.07	2011-01	5.56	2011-01	4.55	2011-01	5.56
2009-03	4.34	2009-03	6.34	2009-03	4.13	2011-02	4.99	2011-02	4.43	2011-02	4.99
2009-04	3.67	2009-04	4.20	2009-04	3.57	2011-03	5.35	2011-03	4.10	2011-03	5.35
2009-05	3.48	2009-05	3.88	2009-05	3.40	2011-04	5.42	2011-04	4.21	2011-04	5.42
2009-06	3.51	2009-06	3.89	2009-06	3.43	2011-05	4.63	2011-05	4.26	2011-05	4.63
2009-07	3.50	2009-07	4.21	2009-07	3.39	2011-06	6.66	2011-06	4.37	2011-06	6.66
2009-08	3.29	2009-08	3.94	2009-08	3.22	2011-07	5.50	2011-07	4.30	2011-07	5.50
2009-09	2.91	2009-09	3.35	2009-09	2.86	2011-08	6.99	2011-08	4.09	2011-08	6.99
2009-10	3.92	2009-10	3.95	2009-10	3.91	2011-09	4.48	2011-09	3.87	2011-09	4.48
2009-11	4.40	2009-11	4.25	2009-11	4.42	2011-10	7.41	2011-10	3.66	2011-10	7.41

续表

天然气		进口 LNG		进口管道天然气		天然气		进口 LNG		进口管道天然气	
日期	价格	日期	价格	日期	价格	日期	价格	日期	价格	日期	价格
2011-11	4.20	2011-11	3.55	2011-11	4.20	2013-12	4.75	2013-12	8.75	2013-12	4.71
2011-12	5.57	2011-12	3.49	2011-12	5.57	2014-01	7.15	2014-01	7.13	2014-01	6.94
2012-01	3.27	2012-01	4.25	2012-01	3.22	2014-02	9.11	2014-02	10.99	2014-02	8.91
2012-02	2.86	2012-02	4.30	2012-02	2.75	2014-03	8.12	2014-03	8.47	2014-03	8.02
2012-03	2.36	2012-03	2.95	2012-03	2.31	2014-04	5.11	2014-04	17.34	2014-04	4.66
2012-04	2.04	2012-04	2.96	2012-04	2.01	2014-05	4.60	2014-05	5.99	2014-05	4.50
2012-05	2.29	2012-05	4.37	2012-05	2.15	2014-06	5.32	2014-06	10.48	2014-06	4.52
2012-06	2.35	2012-06	3.10	2012-06	2.33	2014-07	4.77	2014-07	11.80	2014-07	4.16
2012-07	2.78	2012-07	5.15	2012-07	2.64	2014-08	3.87	2014-08	6.56	2014-08	3.80
2012-08	2.83	2012-08	4.02	2012-08	2.74	2014-09	4.24	2014-09	8.73	2014-09	3.85
2012-09	2.67	2012-09	3.17	2012-09	2.65	2014-10	3.87	2014-10	4.63	2014-10	3.69
2012-10	3.16	2012-10	3.18	2012-10	3.16	2014-11	3.97	2014-11	..	2014-11	3.97
2012-11	4.03	2012-11	7.21	2012-11	3.83	2014-12	4.44	2014-12	7.45	2014-12	4.10
2012-12	3.93	2012-12	5.22	2012-12	3.84	2015-01	4.75	2015-01	4.01	2015-01	10.9
2013-01	4.14	2013-01	7.86	2013-01	3.95	2015-02	5.46	2015-02	4.82	2015-02	9.13
2013-02	3.99	2013-02	4.47	2013-02	3.97	2015-03	3.9	2015-03	3.16	2015-03	8.1
2013-03	3.84	2013-03	5.03	2013-03	3.80	2015-04	2.59	2015-04	2.39	2015-04	8.31
2013-04	3.98	2013-04	4.90	2013-04	3.96	2015-05	2.52	2015-05	2.44	2015-05	6.04
2013-05	3.94	2013-05	4.51	2013-05	3.93	2015-06	2.56	2015-06	2.43	2015-06	6.29
2013-06	3.90	2013-06	8.65	2013-06	3.73	2015-07	2.66	2015-07	2.44	2015-07	4.53
2013-07	3.41	2013-07	4.59	2013-07	3.37	2015-08	2.74	2015-08	2.51	2015-08	3.45
2013-08	3.17	2013-08	7.42	2013-08	3.01	2015-09	2.75	2015-09	2.49	2015-09	6.03
2013-09	3.49	2013-09	9.96	2013-09	3.01	2015-10	3.23	2015-10	2.37	2015-10	12.38
2013-10	3.40	2013-10	5.79	2013-10	3.34	2015-11	2.4	2015-11	2.19	2015-11	4.2
2013-11	3.77	2013-11	4.62	2013-11	3.76	2015-12	2.28	2015-12	2.13	2015-12	4.02

3. 煤炭价格

附表 3-17　秦皇岛港动力煤年度现货平仓价数据　元/t

项目	2004年	2005年	2006年	2007年	2008年	2009年	2010年	2011年	2012年	2013年	2014年	2015年
大同优混（Q5800K）	374.6	450.6	465.0	508.2	789.4	633.0	788.8	872.4	766.2	628.5	557.0	456.0
山西优混（Q5500K）	360.7	425.6	427.0	467.4	723.9	600.4	745.6	818.9	707.3	587.5	517.7	414.0
山西大混（Q5000K）			387.5	421.1	637.4	521.1	647.0	715.8	610.6	509.0	453.2	362.4
普通混煤（Q4500K）			344.0	373.8	556.4	451.1	574.3	620.3	512.6	426.8	399.0	321.5

资料来源：Wind资讯。

附表 3-18　国外动力煤年度现货价数据　美元/t

项目	2000年	2001年	2002年	2003年	2004年	2005年	2006年	2007年	2008年	2009年	2010年	2011年	2012年	2013年	2014年	2015年
澳大利亚BJ动力煤	24.04	31.57	25.69	26.27	53.53	48.18	48.72	64.55	127.87	72.07	98.83	121.53	96.62	85.21	71.14	59.21
欧洲ARA港动力煤										70.37	92.32	121.87	94.47	82.80	75.54	76.78
理查德RB动力煤										64.70	91.82	116.28	95.55	81.79	72.28	57.06
纽卡斯尔NEWC动力煤										72.40	99.21	121.24	101.02	84.42	70.79	58.94

资料来源：Wind资讯。

附表 3 - 19 国外工业用煤炭价格数据 美元/t

项目	2000 年	2001 年	2002 年	2003 年	2004 年	2005 年	2006 年	2007 年	2008 年	2009 年	2010 年	2011 年	2012 年	2013 年	2014 年
奥地利	53.9	55.5	74.1	86.3	168.6	175.9	178.5	197.2	245.6	239.8	205.5	242.8	247.9	256	223.5
芬兰	77.9	84.8	84.1	98.8	122.5	127.6	130.4	143.9	216.7	167.2	168.6	315.1	280.8	271.1	272.1
日本	36.4	39.5	38.4	36.1	53.5	64.7	65.1	72.2	133.4	121.7	120.9	153.9	150.5	126.2	114.9
波兰	38.5	43.1	39.9	45.1	52.0	61.3	65.0	..	105.3	94.4	96.4	109.5	109.4	100.4	93.0
瑞士	51.5	58.9	52.8	64.5	94.3	94.3	95.4	129.6	216.4	137.9	155.4	200.6	152.5	123.5	112.3
土耳其	32.3	31.8	42.2	44.5	40.8	47.8	48.6	69.8	92.6	84.4	83.7	86.4	98	104.9	90.7
英国	53.1	57.1	58.3	63.0	77.7	89.3	89.0	..	104.0	99.6	117.3	149.5	148.6	158.4	158.7
美国	35.0	36.1	37.0	37.7	43.3	52.1	52.1	59.8	70.0	71.5	70.5	71.8	81.4	79.4	79.4

资料来源：IEA 统计资料。

附表 3 - 20 国外发电用煤炭价格数据 美元/t

项目	2000 年	2001 年	2002 年	2003 年	2004 年	2005 年	2006 年	2007 年	2008 年	2009 年	2010 年	2011 年	2012 年	2013 年	2014 年
奥地利	53.8	45.7	52.7	64.5	81.3	87.5	92.7	96.2	124.1	133.5	109.1	127.9	129.1	133.4	137.7
智利							57.4	69.8	116.7	95.4	83.6	106.9	96.3	89.8	84.0
芬兰	38.6	46.7	44.0	48.3	67.0	72.1	74.3	83.7	143.5	97.1	101.7	137	116.1	94.9	96.1
德国	42.4	51.9	45.7	50.0	70.0	79.7	78.0	90.3	152.6	110.1	117.8	153.1	126.4	108.9	100.3
爱尔兰	30.3	35.4	37.5	35.5	67.2	70.1	61.3	83.4	99.5	113.7	83.4	125.3	88.1	81.6	72.6
墨西哥	31.8	33.9	33.7	32.1	37.1	41.0	42.3	45.9	52.4	51.1	54.6	56.1	56.9	60.9	63.1

续表

项目	2000年	2001年	2002年	2003年	2004年	2005年	2006年	2007年	2008年	2009年	2010年	2011年	2012年	2013年	2014年
波兰	28.2	31.4	32.2	36.2	40.0	47.5	51.4	57.7	78.9	80.4	78.5	84.9	83.1	77.7	74.9
葡萄牙	30.2	38.6	32.3	38.4	57.5	67.6	58.3	76.4	138.1	81.4	88.3	113.2	90.2	78.1	72.1
土耳其	14.4	10.3	15.2	19.0	25.9	25.2	24.8	27.7	32.2	32.1	36.4	37.4	38.8	44.5	43.5
英国	44.4	46.5	44.5	45.9	59.7	65.6	70.1	82.3	..	84.9	96.2	128.5	105.1	96.2	91.3
美国	27.5	28.2	28.7	29.1	30.9	35.3	38.8	40.6	47.0	50.5	51.8	54.7	54.5	53.7	53.7
中国										90.5	108.5	131.8	128.5	116.3	101.3

资料来源：IEA统计资料，中国，煤炭价格协会基础数据整理。

4. 电力价格

附表3-21 上网电价 本币元/（kW·h）

国家	地区/公司	2005年	2006年	2007年	2008年	2009年	2010年	2011年	2012年	2013年	2014年
北欧电力市场现货价格		0.029	0.049	0.028	0.045	0.035	0.053	0.047	0.031	0.038	0.030
瑞典		0.030	0.048	0.030	0.051	0.037	0.057	—	0.033	0.039	0.032
芬兰		0.031	0.049	0.030	0.051	0.037	0.057	0.049	0.037	0.041	0.036
丹麦	西部地区	0.037	0.044	0.032	0.056	0.036	0.046	0.048	0.036	0.039	0.031
	东部地区	0.034	0.049	0.033	0.057	0.040	0.057	0.049	0.038	0.040	0.032

续表

国家	地区/公司	2005年	2006年	2007年	2008年	2009年	2010年	2011年	2012年	2013年	2014年
挪威	奥斯陆	0.029	0.049	0.026	0.039	0.034	0.054	0.046	0.030	0.038	0.027
	卑尔根					0.034	0.052	0.046	0.029	0.038	0.027
	莫尔德 & 特隆赫姆	0.029	0.049	0.029	0.051	0.036	0.058	0.047	0.031	0.039	0.032
	特罗姆瑟	0.029	0.049	0.030	0.050	0.036	0.057	0.047	0.031	0.039	0.031
澳大利亚	新南威尔士	0.037	0.059	0.042	0.039	0.044	0.037	0.030	0.055	0.052	0.035
	昆士兰	0.028	0.052	0.052	0.034	0.033	0.031	0.029	0.067	0.058	0.053
	南澳	0.038	0.052	0.074	0.051	0.055	0.033	0.030	0.070	0.062	0.039
	塔斯马尼亚	0.057	0.050	0.055	0.058	0.029	0.029	0.033	0.048	0.042	0.037
	维多利亚	0.032	0.055	0.047	0.042	0.036	0.027	0.027	0.057	0.051	0.030
	澳大利亚平均	0.035	0.055	0.048	0.040	0.040	0.031	0.030	0.060	0.053	0.039
美国		0.065	0.053	0.070	0.090	0.081	0.077	0.072	0.065	0.065	0.072
中国		53.090	55.630	58.730	71.910	0.382	0.385	0.397	0.424	0.413	0.416
韩国		0.068	0.041	0.052	0.127	68.580	75.830	82.540	93.750	91.600	93.700

附表3-22 输配电价 本币元/（kW·h）

国家	2002年	2003年	2004年	2005年	2006年	2007年	2008年	2009年	2010年	2011年	2012年	2013年	2014年
美国	0.035	0.0313	0.0313	0.0298	0.0321	0.03	0.031	0.034	0.035	0.034	0.036	0.036	0.037
中国	0.098	0.104	0.117	0.123	0.136	0.145	0.132	0.125	0.147	0.160	0.172	0.179	0.191

附表 3 - 23　　平均销售电价　　本币元/（kW•h）

国家名称	2002年	2003年	2004年	2005年	2006年	2007年	2008年	2009年	2010年	2011年	2012年	2013年	2014年
美国	0.072	0.074	0.076	0.081	0.089	0.091	0.097	0.098	0.098	0.099	0.098	0.101	0.105
中国	0.402	0.426	0.458	0.485	0.497	0.508	0.523	0.531	0.571	0.583	0.617	0.621	0.629

附表 3 - 24　　工业电价　　美元/（kW•h）

国家（地区）	2000年	2001年	2002年	2003年	2004年	2005年	2006年	2007年	2008年	2009年	2010年	2011年	2012年	2013年	2014年
澳大利亚	0.045	0.044	0.049	0.054	0.061	—	—	—	—	—	—	—	—	—	—
奥地利	0.038	—	—	—	0.096	0.102	0.109	0.134	0.154	—	—	—	0.138	0.141	0.135
比利时	0.048	—	—	—	—	—	—	—	0.139	0.139	0.125	0.138	0.127	0.128	0.128
加拿大	0.038	0.042	0.039	0.047	0.049	0.055	0.060	0.065	0.071	0.061	0.073	0.081	0.088	—	—
智利	—	—	—	—	—	0.077	0.090	0.114	0.171	0.158	0.152	0.154	0.127	0.118	0.104
捷克	0.043	0.043	0.049	0.056	0.066	0.081	0.094	0.115	0.151	0.148	0.144	0.160	0.145	0.149	0.123
丹麦	0.058	0.060	0.070	0.092	0.096	0.093	0.097	0.101	0.130	0.111	0.114	0.118	0.111	0.120	0.102
爱沙尼亚	—	—	—	—	—	—	—	—	0.080	0.084	0.093	0.101	0.101	0.125	0.118
芬兰	0.039	0.038	0.043	0.065	0.072	0.070	—	0.081	0.097	0.097	0.095	0.114	0.104	0.107	0.105
法国	0.036	0.035	0.037	0.045	0.050	0.050	0.051	0.092	0.105	0.107	0.107	0.122	0.116	0.126	0.126
德国	0.041	0.044	0.049	0.065	0.077	0.084	0.094	0.109	0.129	0.140	0.136	0.157	0.149	0.169	0.179
希腊	0.042	0.043	0.046	0.056	0.063	0.067	—	—	0.112	0.114	0.114	0.126	0.134	0.142	0.143
匈牙利	0.049	0.051	0.059	0.078	0.092	0.096	0.105	0.134	0.170	0.160	0.133	0.137	0.132	0.133	0.123

续表

国家（地区）	2000 年	2001 年	2002 年	2003 年	2004 年	2005 年	2006 年	2007 年	2008 年	2009 年	2010 年	2011 年	2012 年	2013 年	2014 年
爱尔兰	0.049	0.060	0.075	0.094	0.096	0.099	0.122	0.149	0.186	0.169	0.137	0.152	0.155	0.173	0.166
以色列	—	—	—	—	—	0.080	0.078	0.082	0.112	0.097	0.087	0.097	0.108	—	—
意大利	0.089	0.107	0.113	0.147	0.161	0.174	0.210	0.237	0.290	0.276	0.258	0.279	0.292	0.322	0.328
日本	0.143	0.127	0.115	0.122	0.127	0.123	0.117	0.116	0.139	0.158	0.154	0.179	0.194	0.174	0.188
韩国	0.052	0.048	0.047	0.051	0.053	0.059	0.065	0.070	0.060	0.058	0.066	0.074	0.077	—	0.101
卢森堡	—	—	—	—	—	—	—	—	0.123	0.136	0.116	0.118	0.112	0.107	0.099
墨西哥	0.051	0.053	0.056	0.062	0.077	0.088	0.099	0.102	0.126	0.086	0.104	0.115	0.115	0.122	0.122
荷兰	0.057	0.059	—	—	—	—	—	0.121	0.133	0.139	0.116	0.118	0.110	0.113	0.118
新西兰	0.028	0.027	0.033	0.046	0.051	0.061	0.060	0.068	0.071	0.065	0.072	0.085	0.084	—	—
挪威	0.019	0.025	0.031	0.046	0.043	0.043	0.055	0.048	0.064	0.059	0.074	0.071	0.058	0.069	0.055
波兰	0.037	0.045	0.049	0.056	0.060	0.070	0.073	0.083	0.119	0.120	0.120	0.122	0.115	0.110	0.100
葡萄牙	0.067	0.066	0.068	0.083	0.093	0.098	0.110	0.129	0.131	0.127	0.120	0.139	0.147	0.152	0.156
斯洛伐克	0.042	0.043	0.047	0.070	0.083	0.086	0.098	0.137	0.174	0.195	0.169	0.178	0.170	0.179	0.157
斯洛文尼亚		—	—	—	—	—	—	—	0.130	0.134	0.121	0.126	0.118	0.126	0.115
西班牙	0.043	0.041	0.048	0.054	0.060	0.083	0.091	0.090	0.125	0.103	0.132	0.149	—	—	—
瑞典	—	—	—	—	—	—	—	0.076	0.095	0.083	0.096	0.104	0.089	0.090	0.082
瑞士	0.069	0.068	0.070	0.079	0.084	0.081	0.080	0.084	0.094	0.094	0.112	0.132	0.130	0.133	0.129
土耳其	0.080	0.079	0.094	0.099	0.100	0.106	0.100	0.109	0.139	0.138	0.151	0.138	0.148	—	0.131

续表

国家（地区）	2000年	2001年	2002年	2003年	2004年	2005年	2006年	2007年	2008年	2009年	2010年	2011年	2012年	2013年	2014年
英国	0.055	0.051	0.052	0.055	0.067	0.087	0.117	0.130	0.146	0.134	0.121	0.130	0.134	0.140	0.157
美国	0.046	0.050	0.048	0.051	0.053	0.057	0.062	0.064	0.068	0.068	0.068	0.068	0.067	0.068	0.070
中国	—	—	—	—	0.055	0.059	0.065	0.069	0.077	0.081	0.091	0.097	0.106	0.108	0.107
南非	0.017	0.013	0.012	0.019	0.022	0.022	0.022	0.023	0.021	0.026	0.036	0.051	0.051	0.047	0.048

附表 3-25　　居　民　电　价　　美元/（kW·h）

国家（地区）	2000年	2001年	2002年	2003年	2004年	2005年	2006年	2007年	2008年	2009年	2010年	2011年	2012年	2013年	2014年
澳大利亚	0.063	0.063	0.067	0.082	0.098	—	—	—	—	—	—	—	—	—	—
奥地利	0.118	0.119	0.130	0.152	0.177	0.174	0.174	0.214	0.257	0.256	0.258	0.273	0.254	0.272	0.267
比利时	0.132	—	—	—	—	—	—	—	0.266	0.233	0.232	0.264	0.250	0.264	0.244
加拿大	0.053	0.053	0.054	0.061	0.068	0.076	0.083	0.088	0.090	0.083	0.093	0.105	0.105	—	—
智利	—	—	—	—	—	0.120	0.136	0.166	0.229	0.213	0.209	0.211	0.185	0.172	0.151
捷克	0.054	0.060	0.076	0.085	0.097	0.106	0.122	0.146	0.192	0.192	0.186	0.211	0.199	0.206	0.174
丹麦	0.197	0.195	0.209	0.256	0.283	0.295	0.322	0.344	0.396	0.365	0.356	0.409	0.383	0.394	0.403
爱沙尼亚	—	—	—	—	—	—	—	—	0.117	0.124	0.127	0.137	0.139	0.175	0.169
芬兰	0.078	0.077	0.085	0.112	0.123	0.121	0.128	0.145	0.172	0.174	0.175	0.214	0.195	0.202	0.201
法国	0.102	0.098	0.105	0.127	0.142	0.142	0.144	0.156	0.164	0.159	0.165	0.187	0.175	0.193	0.207
德国	0.121	0.124	0.136	0.176	0.198	0.212	0.222	0.263	0.323	0.318	0.319	0.352	0.339	0.388	0.395

续表

国家（地区）	2000年	2001年	2002年	2003年	2004年	2005年	2006年	2007年	2008年	2009年	2010年	2011年	2012年	2013年	2014年
希腊	0.071	0.070	0.077	0.096	0.107	0.112			0.157	0.152	0.158	0.173	0.181	0.216	0.236
匈牙利	0.065	0.068	0.080	0.102	0.134	0.146	0.144	0.188	0.224	0.206	0.219	0.219	0.204	0.182	0.158
爱尔兰	0.101	0.094	0.107	0.146	0.173	0.193	0.200	0.244	0.267	0.255	0.233	0.259	0.270	0.293	0.305
以色列	—	—	—	—	—	0.119	0.114	0.124	0.156	0.137	0.140	0.149	0.152	—	—
意大利	0.135	0.148	0.156	0.186	0.191	0.198	0.226	0.258	0.305	0.284	0.263	0.279	0.288	0.306	0.307
日本	0.214	0.188	0.174	0.186	0.196	0.189	0.178	0.177	0.206	0.228	0.232	0.261	0.277	0.242	0.253
韩国	0.084	0.071	0.070	0.074	0.079	0.089	0.098	0.102	0.089	0.077	0.083	0.089	0.093	0.101	0.110
卢森堡	0.099	0.098	0.112	0.143	0.147	0.187	0.183	0.231	0.216	0.236	0.215	0.221	0.209	0.207	0.218
墨西哥	0.068	0.075	0.092	0.091	0.090	0.097	0.101	0.093	0.096	0.080	0.090	0.095	0.090	0.091	0.090
荷兰	0.131	0.145	0.155	0.194	0.221	0.236	0.258	0.285	0.243	0.258	0.221	0.238	0.238	0.257	0.252
新西兰	0.060	0.059	0.071	0.095	0.120	0.136	0.133	0.161	0.164	0.151	0.176	0.205	0.213	—	0.236
挪威	0.058	0.073	0.081	0.124	0.117	0.122	0.156	0.132	0.151	0.133	0.176	0.171	0.136	0.149	0.127
波兰	0.065	0.079	0.084	0.095	0.103	0.121	0.132	0.151	0.193	0.168	0.179	0.198	0.191	0.196	0.192
葡萄牙	0.120	0.118	0.127	0.156	0.175	0.180	0.184	0.214	0.220	0.215	0.215	0.246	0.261	0.280	0.292
斯洛伐克	0.050	0.063	0.067	0.104	0.134	0.141	0.156	0.188	0.220	0.231	0.213	0.242	0.230	0.238	0.214
斯洛文尼亚	—	—	—	—	—	—	—	—	0.168	0.183	0.186	0.202	0.193	0.213	0.213
西班牙	0.117	0.109	0.114	0.137	0.152	0.154	0.165	0.187	0.218	0.212	0.247	0.295	—	—	—
瑞典	—	—	—	—	—	—	—	0.196	0.218	0.194	0.218	0.248	0.224	0.234	0.215

续表

国家（地区）	2000 年	2001 年	2002 年	2003 年	2004 年	2005 年	2006 年	2007 年	2008 年	2009 年	2010 年	2011 年	2012 年	2013 年	2014 年
瑞士	0.111	0.109	0.117	0.133	0.142	0.139	0.133	0.136	0.154	0.164	0.180	0.223	0.204	0.204	0.209
土耳其	0.084	0.084	0.099	0.106	0.111	0.118	0.111	0.122	0.165	0.165	0.184	0.169	0.185	—	0.170
英国	0.107	0.101	0.105	0.116	0.138	0.150	0.179	0.204	0.218	0.191	0.183	0.208	0.216	0.229	0.256
美国	0.082	0.085	0.085	0.087	0.090	0.095	0.104	0.107	0.113	0.115	0.116	0.117	0.119	0.121	0.125
中国	—	—	—	—	0.054	0.055	0.057	0.061	0.067	0.068	0.070	0.074	0.077	0.085	0.084
南非	0.040	0.036	0.032	0.048	0.060	0.061	0.059	0.059	0.054	0.063	0.086	0.098	0.097	0.090	0.085

参 考 文 献

[1] 英国石油公司. BP Statistical Review of World Energy (2015), http://www.bp.com/.

[2] IEA. ENERGY PRICE&TAXES 2nd Quarter. 2015.

[3] 国网能源研究院. 国际能源与电力价格分析报告 (2010). 北京：中国电力出版社，2010.

[4] 国网能源研究院. 国际能源与电力价格分析报告 (2011). 北京：中国电力出版社，2011.

[5] 国网能源研究院. 国际能源与电力价格分析报告 (2012). 北京：中国电力出版社，2012.

[6] 国网能源研究院. 国际能源与电力价格分析报告 (2013). 北京：中国电力出版社，2013.

[7] 国网能源研究院. 国际能源与电力价格分析报告 (2014). 北京：中国电力出版社，2014.

[8] 国网能源研究院. 国际能源与电力价格分析报告 (2015). 北京：中国电力出版社，2015.

[9] 国网能源研究院. 输配电价理论与实务. 北京：中国电力出版社，2012.

[10] 国家电力监管委员会. 2014 年度电力监管报告. 2015.

[11] Lester B. Lave, Jay Apt, and Seth Blumsack. "Rethinking Electricity Deregulation". Carnegie Mellon Electricity Industry Center Working Paper CEIC-04-03, 2004.

[12] American Public Power Association. Retail Electricity Rates in Deregulated and Regulated States, 2013Update. 2014.